PIERRE LABOUREYRAS

La destruction d'une Cité picarde
et d'une Basilique Mariale

❧ ❧ ❧

LA VILLE D'ALBERT

AVANT ET PENDANT

LA GUERRE

1914-1915

AVEC PHOTOGRAPHIES

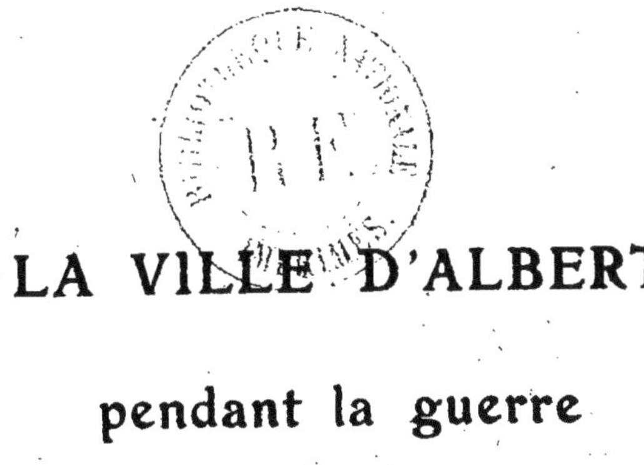

LA VILLE D'ALBERT

pendant la guerre

(1914-1915)

PIERRE LABOUREYRAS

La destruction d'une Cité picarde
et d'une Basilique Mariale

✦ ✦ ✦

LA VILLE D'ALBERT

AVANT et PENDANT

LA GUERRE

1914-1915

AVEC PHOTOGRAPHIES

Lettre de M. l'Abbé GOSSET, Curé-Doyen d'Albert.

MONSIEUR LABOUREYRAS,

Vous avez bien voulu me communiquer, avant de le livrer à l'impression, votre consciencieux travail sur « La destruction d'une Cité picarde, la Ville d'Albert ». Je vous en remercie vivement.

Evidemment, l'idée ne vous est jamais venue de solliciter de moi une approbation. Je suis trop petit et je ne me reconnais pas qualité pour vous la donner. Aussi bien, le succès de votre volume vous dira sous peu combien il était opportun de l'écrire.

Mais je puis et je dois rendre hommage à vos intentions, et vous remercier de tout cœur de vos pages sur Albert et sa Reine, leurs triomphes d'hier et leurs épreuves d'aujourd'hui. Et je le fais très volontiers.

A mon merci je joins les félicitations les plus vives pour la manière dont vous avez parlé de mon vénéré prédécesseur, Monseigneur Godin, de Monsieur Duthoit et de leur œuvre commune.

On ne vous lira pas sans intérêt, j'en suis persuadé, tant il y a d'émotion profonde en chacun de vos paragraphes !

Quand ils auront dévoré le livre, vos lecteurs se rappelleront la parole de Dieu en nos Saintes Ecritures : « A moi la vengeance, je me charge de l'exercer ».

Et forts de cette divine promesse, ils attendront l'heure du Souverain Maître. Mais déjà sur nos ruines — celles d'hier et peut-être celles de demain — ils redisent quand même : « Espérance » !

Avec l'expression de ma reconnaissance, je vous prie d'agréer, Monsieur, l'hommage de mon respect.

A. GOSSET.

Albert, 15 Août 1915.

AVANT-PROPOS.

La Lourdes du Nord, ainsi que le Souverain-Pontife Léon XIII surnomma Albert, est, ou du moins était, une petite ville élégante et très animée, qui avait su conquérir une place importante parmi les cités picardes. Simple chef-lieu de canton à l'extrémité du département de la Somme, aux confins de l'Artois, la ville d'Albert ne cédait le pas en Picardie qu'aux deux seules villes d'Amiens et d'Abbeville, s'inscrivant au troisième rang, avant les chefs-lieux d'arrondissements que sont Péronne, Montdidier et Doullens.

Cheminant sur l'une ou l'autre des routes qui vont du nord au sud ou de l'est à l'ouest, jamais le voyageur ne doubla Albert sans y faire un arrêt, sous l'empire de l'intérêt prenant que dégageait la cité industrielle, la ville coquette et surtout la splendide basilique de Notre-Dame de Brebières.

Porté par l'un quelconque des trains incessants qui sillonnaient la voie ferrée entre Lille et Paris, jamais non plus le voyageur étranger ne franchit la gare d'Albert sans questionner ses voisins au sujet de cette ville très à part. En effet, l'incessante succession de bourgades sans caractère bien défini, qui, au long d'un parcours dans la région du Nord, se déroule sur la vitre du wagon, tel un ruban de cinématographe, a sa monotonie endormante que l'approche de la ville d'Albert eut toujours le don de secouer. Bien avant l'arrivée en gare, l'œil émerveillé apercevait la basilique avec sa tour, ou mieux son minaret, que dominait la Madone dorée tendant au monde son divin fils, en un geste gracieux et touchant autant qu'inaccoutumé. Alors le chrétien se recueillait et priait, laissant doucement flotter en sa pensée le souvenir de quelques-unes des paroles liturgiques que l'église emprunta, pour célébrer la Vierge-Mère, aux prophètes d'Israël, aux saints de tous les pays et aux poètes de tous les temps. Alors aussi l'homme d'affaires dont l'esprit s'absorbait en la pensée des profits matériels, sentait comme un réveil de sa foi engourdie et, pour un instant du moins, élevait son âme vers la région sereine des choses éternelles. Quant à l'artiste, passant ainsi aux pieds de la Vierge dorée et de son immense autant que gracieux piédestal, il pressentit toujours qu'un arrêt, qu'une visite détaillée s'imposait à lui, et jamais sûrement onques ne se repentit d'avoir cédé à ce désir.

Albert était une ville très à part, une ville aimable, très vivante et très attirante ; hélas, Albert n'est plus qu'un monceau de ruines et de décombres !

Après Reims, avant Soissons, avec Arras et beaucoup d'autres nobles cités ou d'humbles bourgades françaises, Albert fut la proie des barbares : les Allemands sont passés là, Albert n'est plus !...

Saurait-on jamais redire assez tout l'odieux qui s'attache aux crimes insensés tant ils étaient inutiles, commis à plaisir par ces hordes teutonnes, qui pour la dix-neuvième fois, sont revenues en août 1914, ravager notre France et tout notamment la partie ouest de notre Picardie, ce Santerre, *terra sanguinis*, dont Albert peut être regardée comme l'une des portes.

D'autres plumes plus autorisées que la nôtre ont déjà stigmatisé l'horrible mentalité de ces vandales qu'un affreux atavisme pousse toujours aux plus injustes agressions, aux plus viles rapines et aux plus sauvages destructions.

Certes, il y a loin, de la manière qu'ils adoptent, à l'autre manière, à cette guerre chevaleresque où une nation réunit ses forces pour défendre ses droits ou imposer sa juste volonté ; la guerre noble qui a sa farouche beauté leur est inconnue ; cette guerre-là, les Allemands ne la comprirent jamais ; pour eux la guerre est une industrie nationale et une entreprise commerciale.

Cela se disait déjà au temps où les Hohenzollern n'avaient pour fiefs que les plaines du Brandebourg et de Poméranie. La création de l'empire ne fut qu'une sorte d'agrandissement de commerce, et la Prusse devenue l'Allemagne resta fidèle à sa triste et pernicieuse tradition.

Les progrès scientifiques accomplis chaque jour par le génie humain n'intéressaient l'Allemagne qu'autant qu'ils étaient susceptibles d'aider en quelque façon à l'industrie nationale, à la guerre. De même pour ces théories philosophiques nées au cours des siècles derniers en des cervaux trop raisonneurs ; le triage en fut fait, au-delà du Rhin, et l'on rejeta toute théorie qui ne tendait pas directement à préparer le peuple germanique en vue de la guerre, son unique raison d'être.

Notre histoire en fait foi, nous autres français, nous faisons la guerre de toute autre manière et pour de tout autres motifs ; tantôt c'est pour défendre le sol de la patrie, cette *terra paterna* que nous idolâtrons avec tant de justes raisons ; tantôt c'est pour ramener au respect un voisin oublieux de notre dignité, tantôt enfin, c'est pour défendre une idée de justice ou un droit patent, à moins que ce ne soit pour secourir quelque digne infortune ou venger une noble victime.

Pour nos tristes voisins, la guerre est avant tout une affaire qui rapporte ; c'est une « affaire » au sens commercial du mot, une affaire d'un genre classé, catalogué, une affaire comme une autre, mais une affaire de « gros », une affaire kolossale !

On n'en saurait douter si l'on considère un instant ce traité de Francfort qui termina la guerre de 1870 ; visiblement la Prusse victorieuse ne voulut penser qu'aux affaires. On en doutera moins encore si l'on examine les faits qui se déroulent encore actuellement sous nos yeux. Certes, ce n'est pas la guerre présente qui marquera un changement dans les vieux usages germaniques ; vieux usages, nous pouvons bien le dire, puisque le monde civilisé en a pris acte depuis les temps les plus reculés. Rappelons pour preuve cette simple mais judicieuse observation faite par le général romain Cérialis, quand, s'adressant aux Trévires et aux Lingons, il leur tenait ce discours que Tacite nous a transmis : « La même cause fera toujours descendre les Germains dans les Gaules : la soif de l'or et l'amour du plaisir. Ils quittent leurs marécages pour venir s'emparer de vos riches campagnes, de vos biens et de vous-mêmes en même temps. »

Et cela se disait et s'écrivait soixante-dix ans avant notre ère ! Les Germains n'ont pas changé et Mirabeau pouvait justement désigner la guerre par cette périphrase : l'industrie des Prussiens.

Nous voici en 1914, justement le traité de Francfort arrive à expiration ; le bénéfice de leur dernière guerre va-t-il donc s'évanouir pour eux ? Non, depuis un demi-siècle on n'a cessé, de l'autre côté du Rhin, d'envisager cette éventualité ; c'était une échéance fameuse à préparer, une « grosse affaire » à enlever, et l'Allemagne n'a rien voulu en abandonner au hasard. Ses arsenaux regorgent d'obus de toutes tailles : cela tiendra lieu de bonnes raisons, quand le moment sera venu. Un formidable outillage de guerre est là tout préparé : cela remplacera les principes de justice admis entre peuples civilisés. Une armée d'espions a précédé en France l'armée des combattants : ceci suppléera à ce génie d'improvisation dont est dépourvu l'Allemand mais qui est l'apanage du soldat français. Les doctrines les plus funestes à une nation, les pires sophismes et les théories les plus propres à semer la division ont été largement propagées chez nous, avec l'aide de l'or allemand, et cela comme moyen de préparer l'affaire, la grosse affaire, la guerre.

Aucun sacrifice en hommes ou en argent ne sera trop lourd pourvu

que le succès de l'affaire soit assuré et que, selon sa tradition millé-
'naire, l'Allemagne s'enrichisse à nos dépens.

Et voici le moment venu. Une fois de plus, l'Aigle Noir a jeté son
coup d'œil rapace vers nos riches campagnes et nos villes superbes ; de
son bec néfaste est sorti ce cri rauque : Guerre ! guerre !! guerre !!!

Alors les teutons de tous poils s'ébranlent en épais bataillons. Tel
un enfant placé sur la route d'un monstre en furie, le peuple belge
est là qui gêne la route ; le peuple belge est écrasé et ses villes
renversées de fond en comble. Bientôt les hordes atteignent nos
riches provinces, c'est la Flandre, puis l'Artois, puis la Picardie qui
sont envahies. Tandis que nos soldats à nous battent en retraite,
pour amener l'ennemi à l'endroit précis où la victoire doit nous
sourire, que font nos envahisseurs ? — Ah ! n'en doutez pas, ils font
« des affaires » et ils les font à leur façon qui est celle des bandits.

Nos houillères, nos usines, nos fabriques constituent pour eux
une concurrence trop souvent victorieuse, c'est sur nos mines, nos
usines, nos fabriques que va s'exercer tout d'abord leur rage de
destruction.

Évidemment « l'affaire » ainsi comprise a une grande importance
pour la nation allemande, mais elle ne serait pas une affaire intéressante pour chaque teuton pris isolément. Il faut cependant que
chaque soldat puisse s'enrichir de nos dépouilles, sans quoi
« l'affaire » ne serait plus dans le goût traditionnel, ne serait pas
vraiment nationale.

Soyez sans crainte, ils y ont pensé ! A peine maîtres d'une cité,
d'un château, ils amènent aux quais de la gare la plus proche
d'innombrables wagons où chaque officier, chaque soldat, n'aura
qu'à charger le butin qu'il aura trouvé bon de s'adjuger. Combien
de nos meubles, de nos tableaux, de nos pendules ont pris ainsi le
chemin de l'Allemagne !

Mais, si teutons soient-ils, des hommes ne se connaissent qu'imparfaitement aux dentelles, étoffes, fourrures et autres falbalas qui
sont du domaine des dames. C'est bien aussi ce qu'on a pensé dans
le camp des envahisseurs ; voici que des trains entiers de blondes
gretchens débarquent pour suppléer au manque d'aptitude des
hommes. N'est-ce pas là le dernier mot de la guerre comme l'Allemagne la comprend !

Dites après cela si Cérialis a dit vrai !

Mais ce n'est pas seulement à nos biens que l'exécrable nation
germanique en veut, et l'anéantissement même de notre puissance
ne saurait la satisfaire ; il s'agit de briser le génie de notre race,
notre esprit, notre civilisation, nos traditions : c'est l'âme de la
France que l'Allemagne veut atteindre. Voilà pourquoi les plus

lourds de leurs obus seront réservés à nos églises, humbles temples des villages, cathédrales antiques ou splendides basiliques modernes. Ces édifices chantaient chacun en une langue différente, selon son âge et son style, les gloires du vrai Dieu, du Dieu qui aime les Francs, du Dieu qui n'a qu'une parenté lointaine sans doute avec ce vieux dieu, « ancien allié des Hohenzollern », à ce que dit l'empereur des reîtres.

Quant à la Basilique de Brebières, une particularité la désigna spécialement sans doute à la fureur luthérienne de nos sauvages agresseurs : c'est la présence tout là-haut, au sommet de la tour, de cette femme céleste présentant au monde son enfant divin. Las sans doute d'égorger des femmes et des petits enfants de la terre, c'est avec une joie diabolique que ces maudits s'attaquèrent aux deux charmantes images des habitants du ciel.

La ville d'Albert était riche, elle tenta la cupidité germanique ; la basilique de Brebières était belle, sainte, aimée, elle réveilla dans les lourds cerveaux des prussiens tous les instincts bas, féroces, sauvages qu'un lointain atavisme y a déposés et que les siècles d'une prétendue civilisation n'ont pu que temporairement masquer.

Henri Heine a trop bien prophétisé : « Le Christianisme a adouci, jusqu'à un certain point, cette brutale ardeur batailleuse des Germains, mais il n'a pu la détruire, et quand la Croix, ce talisman qui l'enchaîne, viendra à se briser, alors débordera de nouveau la férocité des anciens combattants. Alors — et ce jour, hélas, viendra — les vieilles divinités guerrières se lèveront de leurs tombeaux fabuleux, essuieront de leurs yeux la poussière séculaire, Thor se dressera avec son marteau gigantesque et démolira les cathédrales gothiques... »

Nous voici en 1914 ; Thor s'est réveillé !...

N'est-ce pas là l'explication de la ruine et de la destruction de tant de nobles cités et d'heureux villages, n'est-ce pas là en particulier la raison de la ruine et de la destruction d'Albert dont nous voulons fixer ici les étapes douloureuses alors que la mémoire ne peut faillir et que tous les cœurs saignent encore des scènes désolantes qui viennent de se dérouler sur ce joli coin de notre territoire.

Nous dirons en quelques mots le passé de la ville, nous montrerons quel admirable développement elle avait su prendre, nous voulons payer un tribut d'admiration à son joyau de reine, à sa basilique, et nous voulons surtout conter une à une ses douleurs et les phases de son martyre.

Par avance nous nous excusons de ne pouvoir noter tous les faits dignes de l'être, bien que notre intention soit d'être aussi complet que possible. Le nombre de ceux qui souffrirent dans leurs biens ou leur personne pour cause de leur attachement à leur petite patrie, est immense et la dispersion de tous les habitants en rend le récolement difficile. De plus, au moment où nous traçons ces pages, l'ennemi abhorré est encore là, à deux pas d'Albert, et cette circonstance nous impose sur bien des points de détails une discrétion absolue que la censure nous forcerait d'ailleurs à garder si nous ne nous y astreignions de bon cœur.

Sinon absolument complet, notre récit du moins sera absolument véridique. Puissent nos humbles pages être un mémorial où nos fils et nos neveux puiseront le courage de rebâtir leur ville d'autant plus aimée que la couronne du martyre vient d'ajouter à ses autres attraits une gloire nouvelle.

Le doute d'ailleurs n'est pas permis sur ce point. Oui, Albert effacera promptement jusqu'aux derniers vestiges du passage des barbares. Albert verra bientôt refleurir les arts et l'industrie qui firent sa richesse ; Albert réédifiera la Basilique qui fit sa gloire et la Vierge dorée régnera, pour toujours, pour toujours cette fois, sur sa cité chérie.

La Picardie aura comme par le passé, sa Vierge de Brebières, sa Lourdes du Nord.

P. L.

PREMIÈRE PARTIE

———

AVANT·LA GUERRE

———

CHAPITRE PREMIER.

La Ville d'Albert dans le passé.

La ville d'Albert, le pèlerinage et la Basilique de Notre-Dame de Brebières, ont trouvé en Yves de Sainte-Marie, un historien érudit à qui nous voulons emprunter quelques renseignements, au profit de nos lecteurs, avant de leur présenter le douloureux chapitre du martyre de la cité picarde. Obligé d'abréger considérablement, nous prierons les connaisseurs en histoire locale et les amateurs de beaux livres de se reporter au volume excellent où nous puisons nous-même (1).

Anchora, Ancra, Incra, Ecrembatis, comme disaient nos ancêtres, devint Ancre ou Encre pour nos aïeux, avant de devenir la ville d'Albert pour nos grands pères et pour nous. Sise sur une pente douce à mi-chemin entre Amiens et Arras, à cent-trente kilomètres de Paris, la modeste bourgade existait au temps des Carlovingiens et devint place forte sous Hugues Capet.

La petite rivière qui l'arrose a sa source à Miraumont, à trois lieues plus loin ; elle a pris le nom de la cité, on dit l'Ancre ou mieux l'Encre, on disait jadis la *Corbeia* ou la Corbie. C'est un ruisseau tranquille dont l'eau pure coule à travers des grands prés jusqu'au sud de la ville de Corbie, où elle déverse ses eaux dans la Somme.

Deux voies romaines se rejoignaient à Albert, celle d'Amiens à Bavai, par Bapaume et Cambrai, l'autre de Soissons à Sangatte, par Athies, Péronne, Cléry, Carnoy, Bécordel, Albert, Amiens et

---

(1) *Notre-Dame de Brebières*, par Yves de Sainte-Marie, Paris 1908. S'adresser à M. le Doyen d'Albert ou à l'offrandier de la Basilique.

Calais. Un pont était jeté sur la rivière, ce qui suffirait à expliquer l'importance relative qu'avait déjà la petite cité.

La ville d'Ancre fut-elle ou non une station romaine, la question ne fut jamais bien résolue, mais l'abondance des haches de silex, des bronzes primitifs et d'autres antiquités semblables prouveraient assez que les Gaulois s'établirent en ce lieu agréable.

Vers 630, la cité d'Ancre appartenait au Roi de France qui y établit une seigneurerie, à cause sans doute du pont qu'il fallait défendre. Ce fut ce même roi qui donna le fief d'Ancre aux abbés de Centules (Saint-Riquier), en les chargeant de défricher les forêts qui couvraient alors le pays. Les abbés de Centules, seigneurs d'Ancre, résidaient à dix-huit lieues de là ; force leur fut de placer à Ancre un lieutenant pour gérer leurs biens. Un peu à la fois la charge devint héréditaire dans la famille de ces feudataires qui furent les maîtres presque indépendants du château et de la bourgade.

A la fin du x⁰ siècle, Hugues Capet reprit aux moines de Centules quelques villes dont il voulait faire autant de forteresses contre les envahisseurs venant sans cesse du Nord ; la cité d'Ancre fut du nombre et redevint un fief royal, dépendant tantôt de Péronne, tantôt de Corbie.

Parmi les seigneurs illustres dont les noms sont parvenus jusqu'à nous, sont les Camps d'Avesne, dont l'un, Hugues IV, seizième comte de Saint-Pol, octroya à Ancre sa charte communale en 1178 ; puis les Chatillon, les de Coucy, les de Nesle, les d'Humières. Ce fut sous le gouvernement de Jacques d'Humières, en 1576, que la baronnie d'Ancre fut érigée en marquisat, en récompense des bons et loyaux services du Seigneur. En 1610, le florentin Concini achetait le dit marquisat, moyennant trois cent mille livres, que la reine Marie de Médicis offrit à son protégé.

Mais à l'assassinat de Concini en 1617, ses biens furent confisqués au profit du roi qui en fit don à un autre protégé Albert de Luynes. Dès 1620, le nouveau seigneur obtenait du roi des lettres patentes l'autorisant à donner son nom à la ville d'Ancre qui depuis fut nommée la ville d'Albert.

Plus tard, en 1695, Charles Honoré, duc de Chevreuse et marquis d'Albert, vend sa terre pour huit cent mille livres au comte de Toulouse, Louis-Alexandre de Bourbon. Moins d'un siècle après, en 1769, le duc de Chartres, futur duc d'Orléans, en devient maître par apanage. On sait la triste figure que fit ce prince, qui au moment de la Révolution se fit appeler Philippe-Egalité, ce qui ne le préserva pas de l'échafaud, où il monta le 6 novembre 1797. Avec lui mourut le dernier des seigneurs d'Albert.

Au XVIIIe siècle se dessina pour Albert l'annonce d'une prospérité inconnue jusque là, et dont nous verrons par la suite l'heureux épanouissement. Ce fut d'abord la création de la poste qui reliait Albert avec Corbie et Amiens, ainsi qu'avec Bapaume et Cambrai. En 1731, la messagerie fonctionne entre Rouen et Cambrai, et Albert en profite d'autant plus que les déplacements sont assez difficiles et assez périlleux en ce pays entouré de forêts. Enfin, en 1786, était créée la nouvelle grand'route d'Amiens à Albert, Bapaume, Cambrai.

A l'époque de la grande révolution, on trouvait déjà à Albert un noyau remarquable d'industries, un moulin à papier, une blanchisserie de toile, une salpêtrière, une imprimerie pour étoffes et papiers de tapisserie.

Mais plus que l'industrie, l'agriculture occupait les paisibles habitants groupés autour de la vieille église, près de leur petit pont, et dans la ceinture des murailles qui, peu à peu, devaient disparaître sans bruit sous la pioche des démolisseurs.

Des quatre portes qui, dans chaque faubourg, donnaient accès dans la cité, la dernière fut la porte d'Aveluy qui fut renversée en 1845 ; on ne retrouverait que fort difficilement sans doute aujourd'hui l'emplacement occupé jadis par les trois autres.

Quant à l'antique citadelle, elle fut rasée en 1553 par les armées impériales, et la demeure seigneuriale qui lui succéda, sur le même emplacement, fut détruite par un incendie, le 15 mars 1645.

Le 12 avril 1653, Condé, qui était alors au service de l'Espagne, mit le siège devant Albert dont il eut vite fait de s'emparer et qu'il détruisit de fond en comble. Ses soldats mirent le feu partout ; le beffroi, l'église, le château, les magasins, tout fut brûlé ainsi que les maisons particulières ; Albert ne garda que sa ceinture de remparts. Vouée au malheur, la bourgade n'avait pas le temps d'oublier un sinistre qu'elle en éprouvait un nouveau. Ainsi le 17 août 1660, un incendie accidentel se propagea dans toute la ville avec une telle intensité qu'il n'y eut qu'une seule maison de sauvée. Reconstruite à la hâte, avec des matériaux de peu de solidité, et sous toits de chaume, la pauvre ville d'Albert, fort appauvrie, offrait un milieu hélas trop favorable au feu, aussi les sinistres se succèdent-ils jusqu'à ce qu'en 1798 un tremblement de terre vienne jeter à terre le restant de ces masures branlantes.

Mais l'attachement au sol natal fit que, loin de déserter, les habitants se remirent à l'œuvre ; industrieuses abeilles, ils rebâtirent la ville trop bien située pour ne pas connaître enfin des jours de prospérité.

La cité d'Ancre avait un prieuré qui dépendit de Centules (Saint-Riquier) avant d'appartenir à l'abbaye parisienne de Saint-Martin des Champs. De plus un petit prieuré existait aux portes de la ville, à l'emplacement même de la découverte de la vierge miraculeuse. La ville eut des chanoines de 831 au XIIe siècle, longtemps ils assurèrent le service divin. Plus tard un curé local assuma seul le soin de la paroisse.

On sait avec quel zèle tout couvent donnait l'instruction, donc tout alla à souhait pour l'enseignement tant que le prieuré resta à Albert, mais après le départ des religieux, la ville dut aviser. Pendant longtemps un prêtre cumula les fonctions de vicaire et de professeur de latin, tandis qu'un clerc-laïc donnait l'enseignement primaire. Les jeunes filles étaient confiées aux soins des religieuses Annonciades ou sœurs grises, alors installées à l'Hôtel-Dieu. En 1697, en vertu d'une donation de Mme de Montespan, les Filles de Saint-Vincent de Paul vinrent remplacer les Annonciades parties pour Roye dès 1636.

Une maladrerie, c'est-à-dire un hôpital, existait déjà en 1150, au sud de la ville. Cet établissement, desservi par les Frères et les Sœurs de Saint-Jean, disparut au XVIIe siècle, et ses biens furent réunis à ceux dont était doté l'Hôtel-Dieu, autre établissement charitable existant déjà depuis longtemps, et dont la fondation semble remonter aux moines de Centules. L'Hôtel-Dieu d'abord situé sur la place d'Armes, fut transféré ensuite rue d'Amiens, et tout récemment, en 1903, en dehors de la ville, au Bois Lecomte.

En 1781 fut fondé le Bureau de Charité, qui se donna pour mission de secourir les malheureux, alors que les biens d'église, leur apanage jusque là, servaient à tout autre chose, les bénéfices ecclésiastiques étant entre les mains de laïcs habitant au loin et qui se désintéressaient complètement de la ville et de ses pauvres.

Au point de vue du commerce, Albert était trop bien placée, à l'intersection de routes importantes, pour ne pas prendre une situation prépondérante. Depuis des siècles, Ancre avait trois foires annuelles importantes qui amenaient en la cité de grands concours de peuple ; c'étaient la St-Mathias (24 février), la St-Éloi (25 juin) et la St-Simon (28 octobre). De plus, depuis très longtemgs déjà, il se tient à Albert un franc-marché très fréquenté, le second mercredi de chaque mois, et un marché chaque samedi.

On le voit, si elle connut quelques gloires, la cité d'Ancre dans le passé connut surtout des malheurs et des bouleversements qui suffisent bien à expliquer pourquoi la ville actuelle n'a rien gardé qui puisse rappeler son origine antique.

En effet, quoique son histoire se perde dans la nuit des temps, Albert nous apparaît un peu comme l'une de ces cités modernes qui ont jailli de terre soudainement, à l'américaine.

CHAPITRE II.

La Ville moderne.

Albert, avons-nous dit, n'a rien conservé des vestiges de son passé, ajoutons de suite qu'à part la magnifique basilique dont nous nous occuperons à loisir dans les chapitres suivants, la ville n'offrait aux regards aucun monument remarquable au point de vue de l'art. Il ne fallait pas se promener longtemps dans la ville d'Albert pour y remarquer tous les caractères d'une belle et bonne cité industrielle.

Au sortir de la Révolution on trouvait déjà, au long de la rivière, et utilisant ses dix chutes d'eau, six moulins à farine, trois huileries, deux papeteries, une filature et une tannerie. De plus la ville était réputée pour ses clouteries, ses ferronneries et ses taillanderies. Cet essor n'était qu'un prélude ; un homme allait venir qui créerait là la grande industrie métallurgique, tant et si bien que la ville prendrait bientôt, avec juste raison, cette devise : *Vis mea ferrum.*

M. Albert Toulet fut ce bienfaiteur de la cité. Charpentier de profession, il résolut de délaisser le bois pour le fer ; sans doute pressentait-il l'importance qu'allait prendre la métallurgie en notre siècle où l'on veut construire vite et bien.

Par un effort admirable de volonté, M. Toulet sut s'instruire lui-même ; il ne s'en remit à personne du soin de former des ouvriers capables, et lorsque son usine fut en pleine prospérité, il s'employa sans compter pour aider à l'établissement d'autres firmes.

De 1860 à 1871, M. Albert Toulet ne cessa de poursuivre son rêve avec succès et de faire de sa ville un centre métallurgique. Il fut d'ailleurs aidé par diverses circonstances heureuses. En 1845 la ligne de chemin de fer de Paris à Lille vint apporter les plus grandes facilités pour l'approvisionnement des usines, en houille, fer, acier, minerai, etc. Plus tard, en 1889, la ligne d'Albert à Péronne, puis en 1891, celle d'Albert à Doullens, vinrent combler les vœux de tous et ajouter encore à l'importance de la petite ville.

L'éclairage au gaz date de 1893, et en 1909. Albert établissait son octroi.

Conséquence de l'augmentation de la population, des sociétés et groupements divers se forment à Albert ainsi que diverses institutions qui sont bien l'apanage des villes. Dès 1852 avait été fondée la Caisse d'Épargne ; au cours de ces dernières années elle prend le pas, et de beaucoup, sur les dix-sept succursales de la Caisse d'Épargne d'Amiens. L'importante Société de Secours Mutuels, datant de 1857, grandit elle aussi en importance. En 1894, la Coopérative de consommation voit le jour. Une excellente société de gymnastique « L'Espérance » fait les délices de la jeunesse ; en 1900 la « Pro Patria » se fonde pour préparer de bons tireurs en vue des futurs combats.

La basilique d'Albert est le berceau béni de l'Association de la Jeunesse Catholique Picarde, qui y fut fondée le 7 septembre 1902. Sous l'égide de M. le Vicaire général Cadot, son aumônier, et sous la conduite de M. Doal, son président, l'Association étendait ses rameaux sur la Picardie toute entière, heureux mouvement qui continuait à progresser sous la direction de M. Monchy, élu président, en 1914, et sous la vigilante garde de M. l'Abbé Victor, directeur des Œuvres diocésaines.

L'Union Commerciale date elle aussi de 1902. L'année 1903 voit naître l'École Supérieure.

Le legs important de 200.000 francs, fait à la ville par M. Hippolyte Devaux, joint à une allocation de 80.000 francs sur les bénéfices du pari mutuel, permit à la ville, dès 1901, de rebâtir à l'emplacement actuel, le vieil Hospice-Hopital qui céda sa place au centre de la ville à l'École Supérieure.

M. H. Devaux ayant donné aussi sa maison à sa ville natale, un orphelinat de jeunes filles y est établi, et la direction en est confiée aux sœurs de Saint-Vincent de Paul qui dirigent également l'Hospice.

Les rues bien pavées, éclairées et larges, se bordaient très vite d'immeubles de bel aspect ; partout à Albert, on respirait un air d'aisance que la vue des nombreux établissements industriels suffisait à expliquer.

Citons parmi les principales firmes : les Etablissements Abel Pifre, qui succèdent à la maison Toulet ; la maison Victor Liné ; les usines Dupuis et Cie ; les usines Charles et Lomont ; les forges et aciéries Rullon ; l'usine Sainte-Agnès ; les machines-outils Danicourt ; les fonderies Aubois et Cie ; la Société métallurgique de l'Ancre ; les usines Rochet, Fraleux, Guillemin, Menez, Cuvillier, Péru, Sergot et Pégard, Pernaut, etc., etc.

Ne nous étonnons pas de voir la population augmenter sans cesse. Albert qui avait 1.000 habitants en 1724, en comptait 2.500 en 1840 et 4.000 en 1870 ; au moment où la guerre actuelle fut déclarée, on en comptait 8.000.

Dans cette ruche ouvrière ont pris naissance et ont prospéré toutes les œuvres d'assistance, d'éducation, de moralisation que l'on pouvait souhaiter, si bien que, au point de vue social, Albert pouvait servir d'exemple à de plus importantes cités.

La ville s'agrémentait d'une belle promenade, dite le grand jardin, et était fière de son musée, la villa des Rochers. Le grand jardin qui recouvre plus de trois hectares se compose d'un très vaste espace découvert, le Marché aux Chevaux, et d'un Square élégant, où la reconnaissance publique a érigé un bronze à la mémoire de M. Toulet.

La Villa des Rochers due à l'heureuse initiative et à la piété d'un industriel albertin, M. Emile Comte, groupe quelques vestiges du passé et, peut-on dire, toutes les curiosités naturelles du pays. On y voit une cascade, des pétrifications nombreuses, des grottes, puis auprès de sarcophages, des reconstitutions d'anciens édifices, des tableaux, etc., bref, c'est un commencement déjà remarquable de musée local très ingénieusement agencé. Notons que le produit du droit d'entrée fut réservé par M. E. Comte à la Basilique, qui de ce chef recueillit bien 1.000 francs par an.

Mais nous avons hâte de parler de la merveille grâce à laquelle le nom de la cité picarde est connu fort au loin, grâce à laquelle on vit affluer chaque année à Albert des milliers et des milliers de pèlerins, et aussi de nombreux artistes, qui tous repartaient heureux, les uns d'avoir prié la madone mieux qu'ils ne l'eussent fait ailleurs, les autres pour avoir admiré la magnificence du trône élevé à la gloire de la Vierge-Mère.

La Basilique d'Albert, voilà le cœur de la ville et voilà son trésor ; mais avant d'entreprendre la description de ses beautés et avant de dire les outrages que l'ennemi impie lui fit subir, il nous faut présenter brièvement l'histoire du culte de Notre-Dame de Brebières et l'histoire de la Basilique elle-même.

La Vierge dorée.

Statue de 6 mètres de hauteur en cuivre doré,
placée sur le clocher. - Œuvre d'Albert Roze.

Cliché L. Caron.

La Basilique de Notre-Dame de Brebières.

(Vue de l'est.)

Cliché France-Alb

CHAPITRE III.

Le Culte de Notre-Dame de Breblères.

L'histoire tout entière nous le montre, il y a toujours eu sur la terre des endroits prédestinés, plus particulièrement propices à la prière. Tout en reconnaissant d'ailleurs que Dieu est présent partout, et que les supplications que nous lui adressons tirent surtout leur valeur et leur efficacité des qualités mêmes du cœur qui les profère, les chrétiens ont, eux aussi, affectionné de tous temps la fréquentation de certains lieux sanctifiés, d'où leurs pensées s'élevaient mieux épurées et leurs prières plus confiantes. Les Français se montrèrent toujours plus particulièrement empressés à ces voyages sanctifiants que sont les pèlerinages. C'est que l'idéal nous attire plus que d'autres, puis c'est que nous sommes la grande race voyageuse et que l'esprit de pèlerinage nous appartient en propre. Nous ne pourrions le perdre qu'en cessant tout à la fois d'être chrétiens et d'être français.

« Jetez un regard sur ce moyen âge qu'embellit une si ardente et si touchante piété. Personne, du plus puissant baron au plus humble des serfs, personne n'échappe à l'impérieux désir d'aller qui, à cette époque, s'empare des générations. C'est une longue chevauchée d'âmes que tourmente un noble et divin rêve. Comme on veut la sainteté pour soi on va l'apprendre des autres. Le roi Robert pérégrine de monastère en monastère ; ses chartes portent la trace de ses pieux déplacements. Les chevaliers descendent en foule vers Saint-Jacques de Compostelle, vers Rome, ou même passent les grandes mers pour aller, aux champs d'Asie, blancs de soleil, pleurer sur le tombeau du Christ. Les petites gens, les gens de labour et de métier, plus modestes, se dirigent vers des oratoires plus proches, mais la leçon à prendre est la même : il y a là quelque ermite qu'il suffit de voir prier pour aimer Dieu davantage, ou des reliques qui font merveille, ou une statue de la Vierge qu'une brebis découvrit naguère et qui, touchée par la houlette d'un pâtre, se prit tout à coup à parler... » (1).

Parfois, le hasard, cet incognito de Dieu, semble avoir seul désigné le lieu prédestiné, d'autre fois l'indication est plus clairement venue du ciel et l'invitation plus pressante, et les foules pieuses accourent pour se recueillir et prier à l'endroit choisi, attirées par la confiance que leur inspire le souvenir des bienfaits que d'autres y obtinrent.

Voilà ce qu'est un lieu de pèlerinage.

Or Albert fut, est et sera toujours avant tout un lieu de pèlerinage ; ce fut, c'est et ce sera son éternelle gloire.

L'origine du pèlerinage à Notre-Dame de Brebières ne nous est révélée que par la seule tradition orale ; c'est qu'au cours des siècles, la ville fut brûlée bien des fois, c'est qu'en 1793 notamment, les révolutionnaires trouvèrent intelligent de brûler sur la place publique les titres, papiers et documents du prieuré et de la paroisse, ainsi que ceux de l'Hospice et de la Mairie, avec les portraits des ducs de Ponthièvre et d'Orléans. Fureur stupide qui ne fut malheureusement pas, comme chacun le sait, l'apanage des septembriseurs albertins.

Puisqu'il le faut donc, demandons à la tradition comment s'établit à Albert le culte de la Madone aux Brebis, de Notre-Dame de Brebières.

Vers le ixe ou xe siècle, en un vaste pâturage, sis à une faible distance à l'est de la ville et nommé la plaine de Brebières, un humble berger gardait son paisible troupeau. Il s'aperçut non sans surprise que l'une de ses brebis s'attachait avec obstination à une certaine touffe d'herbe, à l'exclusion de toute autre. Le berger eut beau éloigner son troupeau, la brebis resta immuablement au même endroit, si bien qu'enfin l'homme se rapprocha pour forcer l'animal à rejoindre le gros du troupeau. Comme il arrivait près de la brebis, pour l'effrayer il lança un coup de houlette sur la touffe d'herbe qui captivait l'animal. Mais voici qu'une voix s'élève : « Arrête, berger, tu me fais mal ! » Le berger, dont la surprise se muait en une profonde émotion, vit alors que l'extrémité de sa houlette était ensanglantée. Pieusement il creusa le sol et trouva à une faible profondeur, une statue de la Vierge, au front de laquelle il vit la marque du coup de houlette qu'il avait porté.

---

(1) De H. MERLIER, ancien directeur de *La Picardie*.

D'autres bergers accoururent bientôt, puis des habitants de toutes les paroisses d'alentour, prêtres en tête ; ceux d'Ovillers, ceux d'Aveluy, ceux de Bécordel, d'autres encore, sans doute, et ce fut à qui emporterait à son église propre la précieuse trouvaille, la belle madone déjà qualifiée de miraculeuse. Tout ce peuple pieux chante sa joie et clame ses prières, mais l'accord ne peut se faire touchant la propriëté de la statue. Pour en finir, on s'en remet au jugement du Ciel ; la Madone est mise respectueusement sur un char auquel à tour de rôle les groupes de paroissiens attelèrent leurs meilleurs chevaux. Ce fut peine inutile pour les gens d'Aveluy, pour ceux d'Ovillers comme pour leurs voisins de Bécordel ; les braves gens eurent beau exciter les chevaux et pousser eux-mêmes à la roue, jamais le véhicule ne put démarrer. Alors les gens de la cité d'Ancre attelèrent l'unique cheval qu'ils possédaient, tant ils étaient pauvres ; c'était une vieille bête, usée, qui n'avait plus guère de force, et, cependant le char se mit de suite à rouler et bientôt la Madone arrivait sur le territoire incontesté de la paroisse d'Ancre.

Telle est la légende de Notre-Dame de Brebières. Nous laisserons à d'autres le soin de rechercher jusqu'à quel point elle mérite créance, nous contentant, quant à nous, de remarquer la concordance qui existe entre cette fondation du pèlerinage d'Albert et celle de quantité d'autres pèlerinages. Là comme ailleurs, c'est une innocente brebis et un paisible pasteur qui sont les acteurs, et, comme toujours, la Vierge elle-même marque sa volonté touchant l'endroit où elle entend être honorée.

Pour être un bon chrétien il suffit d'accorder une foi entière aux dogmes du *Credo ;* la non-croyance aux légendes si pieuses, si dorées soit-elles, n'est nullement de rigueur ; c'est dire que la discussion pourrait s'ouvrir sur l'authenticité du fait que nous rapporte la légende de Notre-Dame de Brebières.

On pourrait observer que l'histoire locale elle-même ne semble pas d'accord avec la légende, sur plusieurs points de détail. Mais qu'importe, ne nous suffit-il pas de savoir qu'une antique statue de la Mère de Dieu, œuvre d'un imagier inconnu, d'un pieux moine sans doute, fut trouvée jadis en une terre du pays, que la foi des fidèles obtint de la madone des faveurs distinguées, et qu'à travers les siècles le concours des pieuses foules ne fit que s'accroître aux pieds de la Vierge aux Brebis. De nos temps encore et surtout, le pèlerinage de Brebières connut des jours glorieux et des festivités grandioses. De telles manifestations pieuses, si durables et toujours plus vivantes ne se peuvent expliquer que par l'abondance des grâces effectives accordées là plus libéralement qu'ailleurs.

Pour le chrétien qui s'incline suppliant devant l'image de la Mère de Dieu, il importe assez peu que cette image soit ou non une œuvre d'art. La piété sera toujours moins excitée devant l'œuvre merveilleuse d'un Michel-Ange ou d'un Murillo, que devant une simple ébauche ayant reçu la consécration des siècles et celle des prodiges et faveurs célestes. Aussi l'artiste pourrait mépriser certaines de nos madones les plus aimées et les plus vénérées de la piété chrétienne, mais la Vierge d'Albert ne doit pas être placée dans cette catégorie de statues, sans être une œuvre d'art, elle mérite de fixer l'attention d'un artiste.

C'est une vierge debout, d'un mètre vingt de hauteur, portant l'enfant Jésus sur le bras gauche, et tenant un sceptre de la main droite. Au côté gauche du personnage est une brebis qui semble brouter l'herbe aux pieds de la madone. Le tout est taillé dans le même bloc d'une pierre dure et jaunâtre que la peinture a entièrement recouverte. Les plis des vêtements sont profondément fouillés et le visage de la Vierge-Mère, la partie plus spécialement soignée, est d'une délicatesse remarquable et plein d'expression ; il respire la tendresse et apparaît rayonnant de beauté.

La piété des pèlerins a tenu à doter la Mère et son divin enfant d'habits somptueux ; ainsi que cela se voit dans la plupart des pèlerinages, la Vierge aux Brebis est vêtue d'un riche vêtement orné de bijoux et cœurs en vermeil, marques touchantes de la reconnaissance des fidèles clients de la madone. Aux couronnes, taillées dans la pierre même et dont l'imagier orna le front de Marie et celui de Jésus, est venu s'ajouter en 1901 des couronnes d'or, sur l'ordre du pape Léon XIII.

Voilà, telle que l'ont contemplée longuement, avec amour et confiance, des milliers de pèlerins, ce qu'est la Vierge aux Brebis, jadis honorée en l'humble chapelle du pré de Brebières et transportée dans l'église paroissiale d'Albert, le 2 mai 1727, par ordre de l'évêque d'Amiens.

Cliché Hacquart.

MONSEIGNEUR ANICÉT GODIN
Chanoine honoraire d'Amiens
Chanoine d'honneur de Saint-Brieuc
Protonotaire Apostolique
1820-1913
Curé-Doyen d'Albert de 1882 à 1913

CHAPITRE IV.

La Basilique de Notre-Dame de Brebières.

Pourquoi, comment et par qui elle fut édifiée.

La Basilique de Notre-Dame de Brebières a remplacé la toute petite église hâtivement élevée après l'incendie de 1660, alors que la ville était sans ressources. Terminée en 1705, cette ancienne église était à peine suffisante pour une population de 1.000 habitants ; c'était un monument sans caractère, sans style, sans valeur artistique, dont le portail seul offrait quelque intérêt. Au moment de la démolition de l'édifice, on tint à sauver cette partie et à garder ce témoin d'une importante période de l'histoire locale de la cité. Le portail fut donc transporté pierre par pierre à la Villa des Rochers où on le réédifia pour rappeler aux pèlerins modernes la longue suite des pèlerins qui le franchirent jadis. Rois, princes, prélats, saints et saintes, ou miraculés vinrent en effet nombreux sous ces portiques pour exalter « Madame Sainte Marie », la douce Madone aux Brebis.

Ne pouvant nous étendre ici sur ces intéressantes parties de l'histoire de Notre-Dame de Brebières, nous ne pouvons mieux faire que de renvoyer ceux qui s'y intéresseraient, au bel ouvrage d'Yves de Sainte-Marie ; notre but n'étant que de parler de la Basilique, de sa beauté et de ses malheurs.

Le besoin d'une église plus vaste se faisait donc sentir depuis longtemps à Albert, dont la population augmentait sans cesse. Deux curés, l'abbé Dumont et l'abbé Friant, s'étaient successivement occupés de la difficultueuse question, mais leurs efforts pour trouver des fonds restèrent vains, la Ville et l'Etat refusant également toute subvention.

En 1882, l'abbé Friant devenait doyen de Saint-Jacques à Amiens, et, le 1er octobre de cette même année, l'abbé Godin, vicaire de cette même paroisse Saint-Jacques, s'installait à la cure d'Albert, où il venait avec l'idée bien arrêtée d'élever un temple splendide à la Vierge picarde.

Né à Dompierre-sur-Authie, le 8 avril 1840, Anicet-Marie Godin avait été élève des collèges ecclésiastiques de Saint-Riquier, puis de

Montdidier, avant d'entrer au Séminaire d'Amiens. Partout il avait fait preuve d'une intelligence remarquable, d'un jugement solide et d'une puissante imagination. Ordonné prêtre le 19 décembre 1863, il passait par le professorat, avant de devenir vicaire à Saint-Jacques d'Amiens et aumônier de l'Ecole Normale. Très estimé dans la paroisse et très goûté dans la ville, l'abbé Godin était renommé pour son talent d'écrivain et d'orateur, il était surtout aimé pour sa grande bonté.

Une circonstance particulière suffirait à expliquer peut-être pourquoi l'excellent prêtre accepta le rôle si généralement ingrat de bâtisseur d'église, c'est que l'abbé Godin avait reçu personnellement de la Sainte-Vierge une grâce de choix. En 1868 sa santé s'était trouvée très sérieusement compromise, et l'intervention de Notre-Dame des Victoires avait été visible dans sa guérison.

Le grand cœur du protégé de la Madone n'attendait qu'une occasion pour manifester sa reconnaissance de façon grandiose. Cette occasion s'offrit à lui lorsqu'il fut nommé curé-doyen d'Albert, avec mission d'élever un temple digne de la Vierge picarde. Il devait dépenser à ce grand œuvre, tout son temps, toutes ses forces et la plénitude des facultés qu'il possédait à un degré si rare. Du moins devait-il connaître les joies du succès et jouir durant de belles années du fruit de son labeur : le Bâtisseur vécut auprès de l'admirable basilique qu'il avait osé rêver et qu'il avait su édifier ; il disparut à temps pour ne pas voir crouler le fruit de son labeur immense ; Dieu voulut épargner ce martyre à son bon serviteur. La mort du « Gardien de Notre-Dame » précéda d'un an seulement l'arrivée des hordes teutonnes, seules assez barbares pour méconnaître l'incommensurable splendeur de la cathédrale de Reims et l'incomparable beauté de la basilique de Brebières.

Monseigneur Godin, Protonotaire Apostolique, mourut saintement à Albert, le 7 mai 1913, laissant l'impérissable mémoire d'un grand et noble cœur. Il fut inhumé dans la basilique, à l'endroit qu'il avait choisi au centre même de la chapelle absidiale consacrée à Notre-Dame.

L'architecte de Notre-Dame de Brebières, M. Edmond Duthoit, semble avoir été providentiellement préparé au grand œuvre qu'il devait accomplir. Fils et neveu des frères Duthoit si justement dénommés « les derniers des imagiers », il avait fait ses études classiques à Brugelettes, à Saint-Clément de Metz, puis à la Providence d'Amiens, avant d'être en art l'élève de Viollet-Le-Duc. On peut penser au profit que cet esprit aussi alerte que cultivé put tirer des leçons de l'illustre maître, surtout après la première et parfaite éducation artistique qu'il avait reçue dès l'enfance au sein de sa famille.

Edmond Duthoit voyagea beaucoup, en Syrie, en Palestine, en Asie Mineure. Il accompagna à Chypre M. de Voguë, chargé de mission. Les antiquités chypriottes rapportées alors furent réunies au Louvre, en une salle qui porta d'abord le nom du chef de la mission seul, mais qui, à la demande de M. de Voguë lui-même, fut ensuite dénommée salle de Voguë-Duthoit. Le nom d'Edmond Duthoit figure aussi sur les tables d'honneur de la rotonde qui précède la salle d'Apollon.

Après ces courses en Orient, M. Edmond Duthoit rentrait en France, ayant trouvé, au dire de Viollet-Le-Duc, la transition de l'art grec et de l'art romain à l'art bysantin.

Architecte des monuments historiques d'Algérie et de Tunisie, il attacha son nom à des restaurations et à des créations importantes qui lui valurent une juste célébrité. Citons la restauration de l'église de la Nativité, à Béthléem et celle du château de Sully, des églises de Montataire, de Senlis, de Saint-Étienne de Beauvais, de Saint-Martin-au-Bois, de Namps-au-Val, de Berteaucourt-les-Dames, etc. On lui doit la construction des églises de Brias, de Souverain-Moulin, la décoration si remarquable de la cathédrale de Boulogne, etc.

Edmond Duthoit n'eut pas la joie de voir le couronnement de son œuvre : il mourut à Amiens, le 10 juin 1889. Un monument de marbre placé dans la basilique même, du côté de l'Évangile, consacra le souvenir du grand et pieux artiste. Au-dessous d'un médaillon où se détachait son buste en demi-relief, œuvre d'Albert Roze, on pouvait lire cette simple inscription : *Edmond Duthoit, architecte de Notre-Dame de Brebières — 1837-1889*. Ce laconisme s'explique : le lecteur n'ayant qu'à lever les yeux pour juger de la magnificence de l'œuvre due à l'artiste dont il lisait le nom.

Monseigneur Godin et Edmond Duthoit, les deux grands ouvriers de la basilique, étaient hommes à se comprendre. Une amitié déjà ancienne les unissait quand ils résolurent d'élever à la gloire de la Madone picarde un temple qui marquât parmi les plus beaux. De l'union de leurs volontés et de leurs cœurs devait en effet résulter une pure merveille.

Ajoutons qu'à la mort de M. Edmond Duthoit, la lourde charge de continuer son œuvre fut très heureusement confiée à M. Bernard, artiste véritable autant que courageux, qui accepta cette tâche délicate et, pénétré de l'esprit du maître, se fit son excellent interprète.

Dès janvier 1884 paraissait le *Messager de Notre-Dame de Brebières*, petit bulletin mensuel de l'œuvre. M. l'abbé Fallières, alors vicaire général d'Amiens et plus tard évêque de Saint-Brieuc, fut le promoteur du petit organe qui devait être pour beaucoup dans le succès de la pieuse et grandiose entreprise.

C'est qu'il s'agissait d'obtenir des clients de Notre-Dame la totalité des sommes énormes, dont ni l'État ni la municipalité d'Albert ne voulaient ou ne pouvaient assumer la moindre part. Dès sa première année, le *Messager* comptait deux mille abonnés et rapportait mille francs à l'œuvre ; il attirait partout l'attention sur le projet, groupait les affections autour du trône de la Madone et attirait les offrandes indispensables.

On y trouvait, avec un plaisir toujours nouveau, les confidences du Gardien de Notre-Dame. En des pages charmantes, M. Godin y contait les mille péripéties de son labeur journalier et les incidents, j'allais dire les aventures, de sa vie de curé bâtisseur ; il y disait ses espoirs et sa grande confiance ; il y montrait surtout comment le Ciel savait pourvoir à point nommé aux nécessités du moment.

Divers écrivains de mérite firent paraître dans le *Petit Messager* des études ou travaux de haute valeur. Entre bien d'autres, citons de mémoire les articles de M. l'abbé. Gosset ; la *Vie des saints picards*, où le chanoine Gosselin fit connaître chacun des personnages peints par Grellet au pourtour de la grande nef.

M. l'abbé Fouilloy, doyen de Ham, publia pour sa part, une intéressante relation de son voyage en Terre-Sainte. Quant à l'abbé H. Blandin, il donna, en prose et en vers, des œuvres si remarquables que Rome voulut honorer l'auteur en le revêtant du camail de Missionnaire Apostolique.

Le cher *Messager* a connu un succès ininterrompu, et toujours le meilleur accueil lui fut réservé partout. En 1892 il comptait quatre mille abonnés et ce nombre est allé toujours en augmentant ; l'amour de Notre-Dame et son palais royal y gagnèrent d'autant.

La rivière d'Ancre à détourner provisoirement de son cours, pour bétonner son lit ordinaire sur une longueur de vingt-sept mètres, sept maisons à supprimer, tels furent les travaux préparatoires qu'il fallut entreprendre pour rendre libre l'emplacement de la future Basilique. On pense quelles multiples négociations furent nécessaires pour mettre d'accord tous les intérêts en jeu. En habile diplomate, M. Godin y parvint toutefois sans recourir jamais aux moyens rigoureux, tel celui de l'expropriation pour cause d'utilité publique, et, en février 1884, le terrain nécessaire était définitivement acquis ; il avait coûté la jolie somme de 300.000 francs.

Le 14 mai de la même année, le premier coup de pioche était donné par les soins de l'entrepreneur Debosque-Bonte, d'Armentières et le 13 juillet 1885, la première pierre de l'édifice était solennellement bénite au milieu de l'allégresse générale.

Le gros œuvre était terminé en 1888, mais la décoration de l'édifice, le dallage, la pose des verrières, de l'éclairage, des orgues, de l'ameublement, etc., exigèrent cinq années et ce n'est qu'au 2 octobre 1893, qu'en une fête inoubliable, la Madone prit possession de son somptueux palais.

Les deux tiers seulement de la Basilique avaient ainsi vu le jour ; pour édifier le restant, c'est-à-dire l'entrée et le clocher, il fallait jeter à bas la vieille église, qui d'ailleurs tombait de vétusté. Sans retard, cette dernière partie du travail fut entreprise et, le 12 novembre 1896, la dernière pierre prenait sa place en haut de l'édifice. Le 13 juillet 1897, le Bourdon de Notre-Dame était installé dans la tour pendant que la grandiose statue, dite la Vierge dorée, œuvre d'Albert Roze, montait sur son trône gigantesque.

En douze années d'un effort soutenu et d'un travail constant, la Basilique était donc terminée et la Vierge de Brebières avait un temple qu'elle devait entièrement à la piété filiale de ses fidèles serviteurs.

S'il fallait préciser d'où vint l'argent nécessaire, c'est un énorme volume qu'il nous faudrait écrire, disons au moins que les habitants d'Albert, sollicités les premiers, furent admirables de générosité. En sa première collecte, M. le Doyen vit souscrire pour 100.000 francs d'engagements. Les ouvriers des fabriques firent volontairement des heures supplémentaires dont le salaire était destiné à Notre-Dame. Les enfants eux-mêmes s'ingénièrent à trouver de l'argent, se privant de friandises, faisant des commissions, s'improvisant marchands de copeaux, de chiffons, de papier d'étain, etc., afin de pouvoir apporter leur offrande à la Madone. Chaque anniversaire, chaque fête patronymique, comme chaque événement heureux dans les familles d'Albert, fournissaient une occasion toujours joyeusement saisie, d'augmenter le trésor de Notre-Dame. La lecture du *Petit Messager* montre que durant ces douze années de labeur, les dons vinrent, de Picardie, d'Artois, du Nord, du Midi, de partout, et toujours au moment opportun.

Est-il nécessaire de le dire, le mouvement admirable qui apportait, aux pieds de la Vierge de Brebières les cœurs de tous les chrétiens et leurs offrandes incessantes, fut le résultat du zèle que déployait l'abbé Godin. Sans cesse sur la brèche, on vit le gardien de Notre-Dame, ainsi qu'il aimait à se nommer, parcourir les diocèses, donner des sermons, quêter, mendier pour sa Basilique, et il le faisait avec des accents auxquels personne ne résistait. C'est que son éloquence procédait d'une foi profonde, celle qui renverse les montagnes, et que l'excellent prêtre avait pour la Vierge-Mère une piété vraiment filiale qui lui suggérait les industries les plus heureuses et soutenait son courage à la hauteur voulue.

Au mois de septembre de chaque année a lieu la neuvaine, c'est alors un incessant concours de pèlerinages organisés, c'est un afflux considérable de peuple et les cérémonies se succèdent sans fin. Pendant ces jours où M. le Doyen pliait sous le faix écrasant, on le voyait se donner à tous avec une accueillance parfaite, se prodiguer et payer de sa personne, sans aucun souci de la fatigue. Aussi l'œuvre de Notre-Dame de Brebières fut-elle bientôt connue partout et très généralement goûtée.

Les diverses fêtes qui marquèrent chacune des grandes étapes des travaux furent des preuves éclatantes de la grande sympathie que M l'abbé Godin avait su grouper autour de son œuvre grandiose.

Mais que l'on n'aille pas croire que les moyens purement humains, si nobles soient-ils, aient été les seuls facteurs du succès de la sainte entreprise. Le Gardien de Notre-Dame vérifia toujours la vérité du proverbe : *il s'aida* et le *ciel l'aida*. Au pied de l'autel de Marie des grâces précieuses furent obtenues, même de ces grâces visibles, telle la guérison subite d'un mal reconnu et bien authentifié.

C'est ainsi par exemple que Denise Caron, de Bazentin, était soudainement guérie en 1888 d'une maladie de la moëlle épinière ; deux mois plus tard une autre jeune fille, de Heuzecourt, Julienne Duvauchelle obtenait, elle aussi, sa guérison subite. C'est par dizaines que l'on compte les miraculées de Notre-Dame de Brebières ; c'était là le secours du ciel au bon serviteur de la Vierge Marie.

Nous ne saurions clore ce chapitre sans mentionner les deux brefs pontificaux du 6 mai 1898 et du 7 juin 1899, par lesquels le Pape Léon XIII accordait à la Vierge de Brebières les honneurs du couronnement solennel et à son splendide palais le titre de Basilique.

Aux grandes festivités qui déjà avaient amené par centaines de mille des pèlerins aux pieds de la Vierge picarde ; les brefs du Pape furent une occasion d'ajouter d'autres festivités encore plus grandioses.

Le 17 juin 1901 avait lieu la bénédiction des orgues, le lendemain les autels étaient consacrés et, enfin, le 19, jour solennel, entre tous, c'était le couronnement de Notre-Dame. Pour les deux couronnes que le cardinal Labouré déposa sur les têtes vénérées de la Madone et de son fils, plus de mille diamants et plusieurs kilos d'or et d'argent avaient été nécessaires ; à l'appel du Gardien de Notre-Dame, le tout était spontanément sorti des écrins des amis de Notre-Dame de Brebières. Comment de tels joyaux ne seraient-ils pas agréables à la divine bergère et à son divin fils. La généreuse piété des fidèles fournit aussi les très riches ornements, la lingerie, l'orfèvrerie admirable qui forment le trésor de la Basilique, comme elle avait déjà fourni les orgues, les autels, le temple tout entier et toutes les œuvres d'art qui l'ornent.

Il faut avoir vu les grandes manifestations de Lourdes pour se faire une idée de ce que fut, à Albert, la journée du couronnement ; auprès du cardinal Labouré on vit réunis trente évêques, douze cents prêtres et cinquante mille pèlerins. L'orateur du jour fut l'éloquent évêque d'Orléans, Mgr Touchet. La ville vécut alors des journées inoubliables.

Le soir même, élevé à la prélature romaine, le Gardien de Notre-Dame devenait Monseigneur Godin.

Au mois de mai 1906, une maladie vint mettre en grand danger les jours du vénéré prélat. Dans cette triste circonstance, on put mesurer l'attachement des paroissiens d'Albert pour leur pasteur et constater aussi quels trésors d'affection et d'estime il avait su mériter dans la France entière.

Autre occasion semblable, mais entièrement joyeuse celle-là, fut la fête du jubilé pastoral de Monseigneur le Doyen, le 1er octobre 1907.

Depuis lors, le grand ouvrier se reposa, sa tâche remplie, sa journée faite. Mais le désœuvrement ne lui convenait pas ; les années furent marquées l'une après l'autre par quelques créations nouvelles qui toutes tendaient à environner l'œuvre de Brebières de remparts plus solides et le service de la Vierge de soins plus vigilants.

CHAPITRE V.

La Basilique de Notre-Dame de Brebières.

Nous avons déjà souligné le parfait accord qui exista toujours entre Mgr Godin et le pieux artiste que fut M. Ed. Duthoit. C'est grâce à cette entente que le talent de l'architecte put réaliser une merveille d'élégance, en dotant la paroisse d'Albert et le pèlerinage de Notre-Dame de Brebières d'une église commode, où tout était à sa place, où l'espace permettait aux plus belles cérémonies de se développer à l'aise, sans que toutefois l'édifice atteignit aux proportions d'une cathédrale.

Libre de choisir à son gré le style, M. Ed. Duthoit ne crut pas devoir s'arrêter au gothique. Certes, ce descendant des *derniers imagiers picards*, cet élève et digne continuateur de Viollet-le-Duc, professait pour l'art du moyen âge une admiration entière, mais la Cathédrale d'Amiens, non éloignée d'Albert, constituait un type si parfait de l'art médiéval, qu'il n'y avait plus de place en cette contrée pour un monument du même genre. Il y a des supériorités si écrasantes, qu'on ne se risque pas à leur donner un point de comparaison. Puis, notre artiste estimait à bon droit qu'un architecte n'est pas voué à un art unique, et qu'à défaut d'un style déterminé manquant à notre époque, il pouvait et devait chercher à imprimer à son œuvre une note originale et personnelle.

D'ailleurs, M. Ed. Duthoit s'est expliqué lui-même touchant le style qu'il avait adopté pour la Basilique d'Albert, voici ce qu'il en dit :

« L'architecture de l'église d'Albert est la synthèse de ce que j'ai vu : mon clocher est un minaret de Tlemcen ou de Séville. Sur les palais de Sienne ou de Florence, on voit des consoles qui ressemblent terriblement aux corniches de la nouvelle église ; celles des absides, avec leurs demi-coupoles et leurs corbeaux, sont originaires

Le Monument commémoratif de M. Edmond Duthoit,
dans la Basilique.
(Le médaillon de marbre est l'œuvre d'Albert Roze.)

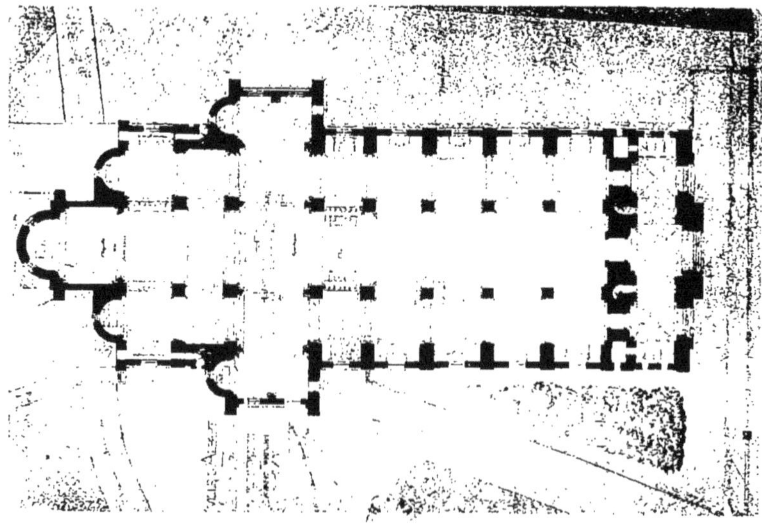

Plan de la Basilique de N.-D. Brebières.
(Œuvre d'Edmond Duthoit.)

de la Syrie ; la claire-voie supérieure se rencontre dans toutes les basiliques de Syrie, d'Italie, de Sicile et de Corse. Les grands arcs en fer à cheval qui séparent les bas-côtés de la nef principale, sont empruntés à la grande mosquée de Tlemcen. La mosquée de Kaïrouan m'a fourni la disposition des tailloirs des chapiteaux, mon portail rappellera les dispositions que j'ai admirées à la mosquée de Tunis. Enfin, je serais heureux qu'en regardant la décoration de l'abside, le touriste pensât à celle de l'église de Montréal, près Palerme. Je ne puis donner un nom à ce mélange ; tous les éléments qui le composent sont bons : puisse leur combinaison n'être pas désagréable aux visiteurs. »

Ajoutons que, grâce à l'érudition, à la sûreté du coup d'œil et au goût artistique affiné de M. Edmond Duthoit, la combinaison de tant d'éléments divers constitua un tout merveilleux d'harmonie où rien n'était de trop, où rien ne manquait.

D'une façon générale, le plan de l'édifice rappelle celui des premières basiliques chrétiennes ; une grande abside forme, dans le fond, une chapelle distincte et surelevée, c'est le sanctuaire de Marie. Quatre petites absidioles viennent l'encadrer de droite à gauche, augmentant progressivement la largeur, pour venir s'appuyer sur les transepts qui forment le bras transversal de la croix.

A la rencontre des transepts et de la nef, est un dôme du plus heureux effet. La nef avec ses deux allées collatérales, compte dix travées, à chacune desquelles correspond une chapelle.

Une porte principale et deux portes latérales donnent accès au porche et supportent le clocher haut de soixante-deux mètres, et au haut duquel trône la Vierge dorée, œuvre toujours admirée d'Albert Roze.

A l'entrée, les quelques marches du perron amènent le visiteur sous le porche proprement dit, où règnent trois coupoles sur plan carré, qui viennent reposer sur de larges arcs-doubleaux. La coupole centrale est de plus couronnée à la clef d'une autre coupole en cuivre martelé et doré, travail exquis qui fait honneur au ferronnier amiénois Gaudefroy.

Chaque portail est surmonté de mosaïques vénitiennes d'un style byzantin, œuvre d'A. Pollart. Les portes elles-mêmes sont une merveille, avec leurs arabesques de cuivre appliquées sur le bois.

Dès le seuil franchi, l'œil cherche naturellement la reine de cet aimable et ravissant palais, et il la trouve de suite, car elle domine l'ensemble.

Du fond de la chapelle absidiale, en effet, règne la Vierge, haute de trois mètres, que Delaplanche sut tailler avec tant de maîtrise, dans le plus beau marbre de Carrare : c'est la Madone aux Brebis, placée ainsi au-dessus de la niche même où repose la statue miraculeuse. Dominant tout l'intérieur, même le groupe imposant du maître-autel, la Vierge de Delaplanche attire d'autant mieux les regards que le sol est relevé, du porche à l'abside, par divers emmarchements successifs qui ménagent une perspective admirable.

On peut ainsi aisément jouir du spectacle de ce splendide intérieur d'église, et l'on reste confondu devant tant de beautés : colonnes de marbre et pilliers aux reflets étincelants ; sculptures artistiques où viennent souvent s'unir le bronze, le marbre et la pierre ; peintures aux tons éclatants, tout ici émerveille le pèlerin, tout l'incite à aimer la reine de céans et à la prier avec amour et confiance.

Au-dessus de la Madone aux Brebis, se trouve l'une des plus grandes et des plus belles mosaïques quil y ait en France : *le couronnement de la Vierge*, dessin de Grellet et œuvre de Facchina. Magnifiques aussi, les mosaïques qui décorent les murs en tant d'endroits : dans les coupoles, au-dessus des autels et jusque sous le porche. Tantôt c'est l'or qui est chargé de mettre en relief la blancheur des statues de marbre, tantôt c'est un ton gris harmonieux, coupé par des rinceaux aux couleurs brillantes, souvenir de l'art arabe ou persan, qui a pour mission de reposer et de charmer la vue.

Que de merveilles appellent ici l'admiration du visiteur, de l'artiste surtout. C'est ce tympan circulaire appuyé sur le grand arc absidial, et où, sur un fond presque noir, se détachent de grands rinceaux polychromes, à larges feuilles, près desquelles s'ébattent de blanches colombes et des paons aux riches parures. Ce sont les verrières aux allégoriques tableaux, qui, par plus de cinquante baies à dessins en grisaille, déversent une douce lumière tendant à fondre toutes les riches décorations qu'elles ont pour mission de mettre en valeur. C'est ce dôme immense de charpente, supporté par quatre grands arcs doubleaux qui forment le centre de la croix, au-dessus du maître-autel. C'est cette procession des saints, que Grellet a traitée à la manière de Flandrin. En tête, du côté de l'épître, est Saint-Anicet, sous les traits de Mgr Godin ; avec, du côté de l'évangile, le roi Saint-Edmond, sous les traits de M. Duthoit ; avec encore quantité d'autres saints représentés sous les traits des meilleurs amis de la Basilique de Brebières. Les personnages de grandeur naturelle sont d'un dessin sévère, d'une tonalité vive ; l'artiste a su donner à toutes ces figures un sentiment éminemment chrétien. C'est l'immense charpente décorée qui remplace ici les voûtes traditionnelles, et donne, avec ses moulures rouges à filets blancs ponctués d'or et de bleu, un air si particulièrement gai et riche à l'édifice.

C'est le plafond, formé de caissons, dont chacun présente un symbole pieux tiré des litanies de la Vierge.

C'est le grand orgue riche de quarante-deux jeux, de trois claviers, d'un pédalier, de vingt pédales d'accouplement, œuvre parfaite de Merklin. Le buffet se dresse, tel un élégant arc de triomphe, laissant à la lumière libre passage sous sa voûte svelte.

C'est chaque chapelle en particulier qu'il faudrait dépeindre et admirer, puis la chaire de marbre et bronze doré, puis les fonts baptismaux, puis les lampadaires électriques, puis encore mille autres beautés qui sont des merveilles d'art et de goût autant que de richesse.

Rien n'est vulgaire dans la Basilique de Brebières, du grand ostensoir, haut de deux mètres, fixé à demeure sur le maître-autel jusqu'au plus simple des chandeliers du dernier des autels, tout est d'un modèle à part, et créé spécialement pour que l'harmonie du tout soit parfaite.

En la chapelle des saints Gervais et Protais, voici un superbe groupe des saints patrons de la paroisse, c'est le travail toujours admiré de l'artiste amiénois Albert Roze, auteur aussi des statues de Saint-Benoit Labre, de Saint-Antoine de Padoue, de la Pieta, des quatre anges thuriféraires, placés près de la Madone, des tympans des confessionaux, des statues en bronze argenté de S. Ignace de Loyola et de S. Vincent de Paul, auteur aussi des deux anges musiciens décorant le buffet des orgues, d'Albert Roze qui créa le modèle en grandeur d'exécution (six mètres de hauteur) d'après lequel fut martelée, en cuivre doré, la grande Vierge du clocher (1).

---

(1) Le Maître Albert Roze vient d'établir une réduction de sa Vierge Dorée. C'est une charmante statue en bronze doré, de 65 centimètres de haut. La Maison Barbedienne, de Paris, a merveilleusement édité cette œuvre qui fera les délices des artistes et des amis de Notre-Dame de Brebières, et dont la vente aidera à la reconstruction de la Basilique.

Il y aurait beaucoup à dire sur le talent merveilleux dont fit preuve l'excellent artiste, passons, nous devons être bref ; d'autres plus compétents étudieront sans doute un jour l'œuvre admirable autant qu'importante d'Albert Roze et nous diront aussi la richesse artistique des statues de S. Michel Archange et de S. Joseph, dues, comme la Vierge aux Brebis, au talent d'Eugène Delaplanche.

Sur l'autel de S. François d'Assises, point de statue mais un tableau ; tout s'explique : cette toile est de Murillo.

Les moindres balustrades, les tables de communion, sont formées d'élégantes colonnettes de marbres rares que rehaussent encore les bronzes et les cuivres dorés. Et tout est à l'avenant en ce riche sanctuaire où pas un détail n'a été laissé dans l'ombre. Dans une église, un clou est une prière, disait M. Edmond Duthoit, il soigna tout, jusqu'au moindre clou, aussi fit-il de son église une magnifique prière !

Mais Mgr Godin et M. Duthoit, nous l'avons dit déjà, ne furent pas les seuls bâtisseurs de la Basilique ; derrière eux tout un peuple coopéra, peuple que guidait l'amour de Marie. Or, un peuple qui aime est nécessairement un peuple artiste, ne nous étonnons donc pas que tout ici soit lumière, richesse et beauté.

De la fine plume de l'un des fervents de Notre-Dame (1), sont tombées ces lignes traduisant l'impression qui se dégage d'un coup d'œil d'ensemble sur l'intérieur de la Basilique :

« Si un poète voulait chanter la Vierge, j'imagine qu'il ne prendrait pas seulement dans son cœur, à lui, les sentiments les plus tendrement chastes et les plus exquis, mais qu'il prendrait aussi dans la langue les mots les plus riches, les épithètes les plus rares, les images les plus suavement colorées, les joyaux d'une forme où tremblent, comme tremble la pure lumière du jour dans la transparence des perles, toutes les nuances et toutes les délicatesses de la pensée.

Eh bien ! c'est un peu ce qu'on a fait quand on a bâti la Basilique d'Albert. On a pris dans la nature ce qu'il y avait de plus solide, de plus pur, de plus beau, de plus fastueux, de plus brillant, de plus chatoyant, de plus resplendissant : des bronzes, des marbres, des

---

(1) Henri MERLIER. *Allons à Brebières*, « La Picardie », 3 septembre 1911.

émaux, des onyx, des pierres précieuses, des ors, que sais-je ! et avec ces richesses du bon Dieu on a composé un poème à la Vierge. Il n'y avait rien de trop beau pour elle, puisque Dieu l'avait trouvée, elle, assez pure pour en faire sa mère.

Vous ne comprenez pas, vous, pédant orgueilleux, froid et triste, mais le peuple chrétien comprend, lui, et il se retrouve à travers le symbolisme qui partout anime et fleurit la pierre. Il se reconnaît dans ces hirondelles et ces cigognes voyageuses « qui savent, dit l'Ecriture, discerner la saison de leur passage », comme lui sait discerner le temps où il lui faut reprendre le chemin de Brebières. Il se reconnaît dans cet aigle puissant, capable — s'il le voulait — d'emporter la moëlle de plus d'un cèdre, mais qui, contenu par la justice et l'amour, nostalgique éperdu du ciel, ouvre les ailes toutes grandes, *aquila grandis magnarum alarum*, et, saisi par l'ouragan divin, dans un vol sublime, regagne, pour n'en plus redescendre, les abîmes d'en haut. Comment ne se reconnaîtrait-il pas également dans ces colombes qui rejoignent à tire d'aile le lieu de leur repos, image de ces âmes qui se pressent d'aller à Marie pour se donner à Dieu. *Qui sunt isti, qui ut nubes volant, et quasi columbæ ad fenestras suas ?*

Et ces autres colombes qui s'ébattent là-bas, dans les rinceaux polychromes du tympan, au-dessus de l'entrée de la chapelle de la Vierge, il les connaît bien aussi, le pieux pèlerin, sous cette blancheur délicieuse qui ferait croire qu'elles ont été lavées dans du lait, *quæ lacte sunt lotæ*. Ah ! reposez-vous ici mon âme et chantez ! Chantez encore, nous sommes au jardin du Cantique des Cantiques. Fleurissez, roses, et vous, lys, donnez votre parfum !

Et redescendant par une allée latérale, je regarde une dernière fois l'immense procession des saints. J'ai peine à m'en détacher. Il y a là des bleus si profonds, si purs, — des bleus comme Dieu a dû en mettre, pour en tempérer l'éclat, dans la prunelle de feu de ses archanges ! Et d'autres bleus encore, si voilés ! Et des bleus violacés si tendres ! Et tous les rouges et tous les roses aussi sont là, depuis cette robe de martyr qui lui fait comme une beauté de sang, jusqu'à ce rose pâle, tombé du ciel un jour que l'aurore trouvait le ciel moins beau que Notre-Dame.

Ici ce n'est même plus du symbolisme, c'est de la vie agissante, car cette procession marche, et le regard, si touché qu'il soit par la grâce attendrie des mauves, par la douceur fondante de ces émeraudes, par ces indéfinissables pâleurs où l'on ne sait plus s'il faut voir du blanc, du vert ou du violet, le regard, je l'ai dit, ne se laisse pas absorber par la couleur ; il accompagne dans sa marche le royal cortège jusqu'à ce que, par delà la beauté plus aérienne encore des anges, il ait deviné, senti, retrouvé la reine des anges et des saints. Cependant qu'au dehors, tout là haut, au sommet du clocher vertigineux, émouvante, Marie répond à la terre en lui montrant Jésus, puisque aussi bien c'est Lui que nous cherchons quand nous allons à Elle : *Et Jesum nobis ostende....* »

Puissent nos humbles descriptions, et surtout ce magnifique chant d'admiration, donner une idée approchante de sa beauté à ceux qui ne connurent pas la Basilique de Brebières. Quant à ceux qui, si nombreux, y vinrent prier, les larmes sans doute leur viendront aux yeux, à se remémorer ainsi en détail chacune des richesses et des magnificences de *leur* Basilique. Car tout cela n'est plus, hélas ! qu'un amas de débris informes : le flot des barbares est passé, il n'y a plus que des ruines.

LA MADONE AUX BREBIS
Groupe en marbre de Carrare
Cette œuvre d'Eugène Delaplanche est aujourd'hui brisée.

Cliché Lelong

PENDANT LA GUERRE

CHAPITRE PREMIER.

Les premiers événements de la guerre à Albert.

Le 1ᵉʳ août 1914, l'Allemagne déclarait la guerre à la Russie et le décret de mobilisation générale était promulgué en France. Dès le dimanche 2 août nous étions en état de siège, et déjà l'ennemi souillait notre territoire en violant la neutralité du Luxembourg. Le 3 août, l'Allemagne déclarait la guerre à la France et, le 5 août, l'Angleterre se mettait à nos côtés contre l'Allemagne qui, violant la neutralité de la Belgique amenait déjà ses gros canons sous les murs de Liège. Le lendemain encore, l'Autriche déclarait la guerre à la Russie. Tels sont les événements terribles qui ouvrirent l'ère de la plus formidable lutte qu'aura connue l'histoire.

Pour la ville d'Albert comme pour la France entière, la guerre fut une surprise, un coup de foudre. Rien ne saurait rendre l'impression que produisit l'annonce du terrible événement.

C'était le samedi 1ᵉʳ août, à 4 h. 1/2 de l'après-midi ; la cloche de l'Hôtel de Ville sonna de toutes ses forces et bientôt le gros bourdon, la Marie de Brebières, joignait ses notes les plus graves aux tintements d'effroi de la cloche municipale.

Captivés par le labeur intense des usines et des champs, les habitants de la ruche ouvrière n'avaient trouvé jusque-là des loisirs que pour discuter entre eux de questions politiques, de questions de politique locale surtout. La petite cité picarde offrait bien vraiment l'image schématique de notre pays tout entier. Les partis étaient, là plus qu'ailleurs, très nettement tranchés, et la lutte des plus âpres, entre les antagonistes ; dans l'esprit de tous la seule guerre possible c'était celle-là, et elle paraissait nécessaire, indispensable : la voix puissante de Marie de Brebières renversa en un instant toutes ces chimères et rappela à la réalité les esprits trop rêveurs et les cœurs trop confiants.

La cloche parlait encore que déjà les portes des usines s'ouvraient toutes grandes devant le flot pressé des ouvriers quittant en hâte les travaux de la paix pour courir aux préparatifs de la guerre. Une animation extraordinaire se traduit dans toute la ville où chacun abandonne ses occupations coutumières pour s'enquérir des dernières nouvelles, rechercher les livrets militaires et préparer les musettes des citoyens appelés à partir dès le lendemain sous les armes.

Le grand souci des Albertins, à cette époque de l'année, était surtout de préparer la fête traditionnelle du pays, le premier dimanche d'août, et de mettre leur ville en mesure de recevoir les parents et les amis qui reviennent gaîment à cette occasion, précédant d'un mois l'arrivée des pèlerins venant toujours plus nombreux rendre hommage à la Vierge de Brebières. Ce 1ᵉʳ août donc, comme les jours précédents et plus encore, on parait les maisons du haut en bas et l'on entassait les provisions en vue des festivités familiales. Déjà les enfants s'étaient réjouis à voir arriver, comme tous les ans, la tribu des forains, braves nomades dont la vie se passe à parcourir le pays, pour porter au petit peuple des villes et des campagnes un peu de plaisir sous forme de beaucoup de bruit. Pacifique invasion que celle-là ; hélas ! pourquoi une autre menace-t-elle la paisible ville qui travaille, discute et s'amuse avec tant d'insouciance du danger imminent ?

Dès le matin suivant, des idées plus sérieuses se font jour en place de la fièvre de la veille. A la Basilique, des prières publiques ont été faites. On a appris par le crieur public qu'il fallait se défier des fausses nouvelles ; M. le Maire d'Albert avait jugé bon de donner cet avis à ses administrés, et il leur faisait savoir que dorénavant il communiquerait lui-même chaque soir des nouvelles authentiques puisées à bonne source. En conséquence, et dès ce jour, il y eut rassemblement devant la mairie, au soir, à la sortie de l'église. Au moment fixé, le signal était donné par la cloche municipale ; le maire alors annonçait, du haut du perron, les nouvelles qu'il avait pu se procurer, notamment par l'entremise des autorités de Péronne. C'était pour le magistrat municipal l'occasion de donner de sages conseils à tous ses administrés. On l'entendit, par exemple, recommander vivement aux commerçants d'être très mesurés dans leurs livraisons et de ne pas écouler trop vite leurs réserves.

Déjà les jeunes hommes partaient en grand nombre pour l'armée, et très sagement, avant de s'élancer dans la voie de l'austère devoir, beaucoup tenaient à s'approcher des sacrements. C'est ainsi que le lundi 3 août, notamment, le lendemain de la fête, pendant la messe solennelle qui selon l'usage était chantée pour les morts de la paroisse, les prêtres suffirent à grand'peine à entendre les confessions ; les communions furent particulièrement nombreuses.

Si l'ardeur patriotique de ceux qui partent fait impression, l'abattement de ceux qui commencent à arriver ajoute encore une note plus frappante. Et ceux qui arrivent, ce sont des fugitifs venant du sud de la Belgique, car la Belgique est bientôt envahie !

Où s'arrêtera l'invasion ?

Albert est sur la route de Paris !!

Que de soucis, que de tourments !!!

On ne savait pas grand chose à Albert, pas plus qu'ailleurs, de la situation militaire ni de la marche des armées ennemies. Peut-on croire ce que racontent des fugitifs apeurés, et les journaux disent si peu de chose de ce qu'il faudrait que l'on sache pour prendre les précautions sages et nécessaires. Quant à M. le Maire, en ses entretiens familiers de chaque soir, il s'efforce uniquement de relever les courages et affirme carrément qu'il n'y a rien à craindre.

Bientôt cependant un communiqué officiel annonce, à mots couverts, que les Allemands ont percé les lignes qui gardaient notre frontière du Nord, mais ce n'est pas là chose alarmante, dit le document, qui avoue cependant : « Malheureusement notre territoire des départements du Nord devra subir sur quelques points l'invasion étrangère. »

Ah ! certes, c'était bien quelque chose celà !

Jusqu'où s'étendait le danger ? La ville d'Albert était-elle menacée ? Telles étaient, entre bien d'autres, les angoissantes questions que chacun se posait sans pouvoir les résoudre, car les journaux, en conséquence de l'état de siège, ne pouvaient dire même le peu qu'ils savaient et devaient, par ordre, toujours et quand même rassurer l'opinion.

Les jours se passent ainsi dans une fièvre d'angoisse. Bientôt aux fugitifs belges succèdent des habitants des départements du Nord et du Pas-de-Calais. Des automobiles surchargées de voyageurs et d'objets hétéroclites passent ainsi que des véhicules de commerçants ou d'agriculteurs. Le gros de la lamentable armée va à pied et c'est un spectacle navrant. On donne au passage du pain aux grands, du lait aux petits, on écoute les récits que les malheureux se risquent à faire, et l'anxiété augmente d'autant.

Le commissaire et les agents de police s'occupent, eux aussi, des pauvres exilés, mais c'est pour leur défendre de parler de ce qu'ils ont vu. Par ordre, les Albertins doivent ignorer la situation ; malheur au fugitif qui viendrait leur dire : *Hodie mihi cras tibi*, aujourd'hui, à moi, demain, à toi ; vous fuirez demain comme nous fuyons aujourd'hui ; préparez-vous ! Mais ce que ne peuvent dire les arrivants, leur mise et leur équipage l'expriment assez clairement.

Voici venir par exemple, entre bien d'autres, sept personnes entassées dans une voiture à quatre places ; c'est une famille des environs d'Orchies qui a dû fuir en toute hâte et fait route sur Beauvais. Voici encore un groupe étrange de cyclistes, hommes, femmes et enfants. Ils ont dû quitter Lens en coup de vent et « roulent » sans savoir où ils vont. A leur tenue, à leur effarement on juge bien que ces voyageurs n'ont pas cédé à un subit accès d'amour pour le tourisme. A ceux qui les interrogent au passage, les pauvres gens jettent simplement ces mots qui en disent long : « Nous venons de Lens, *ils* y sont ! » *Ils*, ce sont les Allemands, personne ne s'y méprend.

Il y a quinze jours, sur l'ordre de M. le Préfet, une compagnie de gardes civiques a été créée à Albert. M. Henri Boullet a pris le commandement de ces défenseurs volontaires de l'ordre public. Maintenant, las de surveiller les jardins où personne ne songe à marauder, les gardes civiques renoncent à leur inutile faction aux portes des routes d'Amiens, de Bray, de Péronne, etc. Leur chef, ancien officier, reprend bientôt du service actif et part à la guerre ; la plupart de ses hommes ne tarderont pas à l'y rejoindre au fur et à mesure des convocations et des appels militaires.

Sur la voie ferrée du Nord, de longues files de locomotives belges ont passé allant chercher un refuge sur nos voies de l'intérieur, puis ce sont les locomotives françaises des dépôts du Nord qui défilent à la recherche, elles aussi, d'un endroit moins menacé.

Venant de Combles, une locomotive du Chemin de fer économique s'efforce de remorquer jusqu'à Albert quelques wagons chargés ; des employés de la ligne ont profité de ce dernier convoi pour venir eux aussi chercher un abri plus sûr. En route le train essuie des coups de feu des Allemands. A l'arrivée en gare d'Albert, il y avait deux morts et le mécanicien Bellepomme était lui-même blessé. Il faut bien croire que l'ennemi approche. Preuve plus convaincante encore : on entend le canon. En vain déclare-t-on que les Allemands sont loin d'Albert ; que seul le canon français a parlé pour signifier l'ordre de rebrousser chemin, à une simple patrouille allemande venue en reconnaissance à quelque trente kilomètres plus au Nord ; semblable explication ne trouve plus créance.

Les Albertins connaissent la plus douloureuse angoisse patriotique quand devient certaine la nouvelle de la prise de Valenciennes, de Cambrai et la marche très rapide des hordes teutonnes sur Paris. Le jeudi 27 août, on apprend qu'une bataille a lieu à Ginchy. A la demande du maire, M. Monchy va en reconnaissance jusqu'à Montauban, les braves gens du pays lui disent que des forces anglaises sont concentrées dans le bois d'à côté ; en réalité ce sont bel et bien les Allemands qui sont là. De son côté, M. Oscar Lefebvre revient d'une course à Péronne, il est navré d'avoir vu nos soldats réduits à battre en retraite.

M. Dumeige-Denis, M. Lobry, cafetier au *Jeu de Paume*, et quelques autres amis, s'avancent assez loin, sur la route, entre Maurepas et Combles. Partout on leur dit que les Anglais sont dans la contrée. Bientôt nos Albertins se trouvent nez à nez avec trois des pseudo-anglais auxquels ils posent quelques questions. « Allez tout droit, un peu plus loin vous trouverez le poste, on y prendra soin de vous renseigner, répondent en bon français les Allemands. Les voyageurs n'osèrent pas ne pas déférer à cette invitation et ils allèrent au poste avancé. La bataille faisait rage un peu plus loin, mais on n'en voyait rien, seul le bruit du canon révélait que de sinistres choses se passaient dans le voisinage.

Nos amis durent rester quelques heures au poste ; ils n'y furent d'ailleurs nullement tracassés, on ne les fouilla même pas et l'heure de la soupe étant arrivée, ils furent invités à y goûter. Enfin, on leur permit de repartir mais leurs bicyclettes leur furent confisquées.

Voilà du moins des Albertins dûment renseignés sur le voisinage de l'ennemi.

Un message téléphonique parvient au bureau de poste d'Albert, c'est l'annonce du bombardement de Combles et de l'incendie de la gare. Ainsi l'ennemi est maître de Combles, à seize ou dix-huit kilomètres à l'est ; on peut s'attendre à voir bientôt paraître ses casques à pointe.

Ce jeudi 27 août, à 4 heures de l'après-midi, M. le Maire haranguait ses administrés, du haut du perron de l'Hôtel de Ville « je ne comprends pas que l'on prenne la fuite. Ceux qui s'en vont seront à Paris demain, à Lyon après demain ; jusqu'où iront-ils ainsi ? Vous n'avez rien à craindre, si l'ennemi venait on lui tiendrait tête... » Belles paroles... autant en emporte le vent. L'exode des gens prudents va croissant d'heure en heure. Le train de 5 heures du soir, le dernier qui circule, emmène à Amiens un flot d'Albertins consternés. Les percepteurs se replient prudemment, avec leur caisse, sur la Trésorerie générale.

Les territoriaux employés à la garde de la voie ferrée, ne savent que faire, ils demandent des ordres à leur commandant, un digne avoué d'Amiens qui, n'écoutant que sa vaillance native, leur répond... de tenir jusqu'au bout !

La nuit du 27 au 28, du jeudi au vendredi, fut pleine d'émotions et de péripéties. Des cyclistes vont explorer les routes hors de la ville, tous rapportent des précisions dans le même sens : l'ennemi approche. Les derniers représentants du Conseil municipal se rencontrent, non pour tenir séance, mais pour aviser entre amis, près de l'Hôtel de Ville, puis bientôt au domicile de M. Leturcq, maire de la ville et pharmacien rue Carnot.

Des vingt-trois membres composant l'édilité d'Albert, beaucoup sont absents déjà ; parmi les présents sont : M. Leturcq, maire, M. Picard-Deneux, adjoint, MM. Dumeige-Denis, Fernand Monchy, O. Lefebvre, Dolé, Dr Verrier, Reïmann, Boulenger-Daussy et quelques autres.

Ainsi sont arrêtées les ultimes décisions pour le cas, hélas ! trop probable, de l'arrivée de l'ennemi. Bientôt un employé de la gare vient prier M. le Maire de se rendre à la station où une communication importante l'attend. En effet, un message du chef de gare de Miraumont confirme les nouvelles déjà connues et annonce que les Allemands marchent sur Albert. Cette fois il n'y a plus de doutes possibles.

Cependant, M. le Maire se demande encore si des forces françaises ne viendront pas barrer la route aux envahisseurs. M. V. Caullier qui rentre justement d'Amiens, où il a conduit les percepteurs, peut le renseigner à ce sujet : en chemin il n'a remarqué aucun mouvement de troupes qui puisse asseoir l'espérance de M. Leturcq.

Près de l'Hospice Saint-Victor est un poste de Marocains, un peu plus loin sont quelques chasseurs, et c'est tout.

Que faire ? Sommes-nous en péril ? Serons-nous envahis ? Serons-nous bombardés ? Telles sont les questions qui, de toutes parts, sont posées à M. le Maire. « Je dois vous dire, répondit-il enfin, que l'ennemi ne tardera pas à nous arriver ; prenez de sages précautions, faites ce que vous croyez devoir faire, mais pas de panique ! Je vais informer la population pour éviter toute surprise. »

Cet avis, qui était sage, fut connu en ville avant même que l'affiche en mit le texte sous les yeux du public, et les départs se précipitèrent. Beaucoup de pères de famille jugèrent prudent de conduire plus loin les femmes et les enfants. Plusieurs hommes prochainement mobilisables, estimèrent d'autre part que leur devoir était de fuir devant l'invasion, afin de pouvoir se rendre à leur corps au jour marqué. Les uns comme les autres ne méritèrent sûrement pas les moqueries dont on les accabla trop souvent.

De son côté, M. Leturcq, voyant partir tout le monde, songea sérieusement à battre en retraite à son tour, et il fit part de son intention à quelques amis, dit-on. Il partait même bientôt, en pleine nuit, mais il devait revenir très promptement. En effet, ayant conduit sa vieille mère et sa dame à Amiens, chez un ecclésiastique, leur parent, le maire d'Albert jugea que son devoir le voulait dans sa ville. Peut-être M. Leturcq eût-il alors un entretien avec le Préfet, ce qu'il y a de sûr, c'est qu'il rentrait chez lui le vendredi 28, peu avant midi. Ne voulant pas se séparer de son mari, pour ces jours qui s'annonçaient périlleux, Mme Leturcq revint avec lui ; elle allait connaître effectivement des heures bien pénibles, mais son courage et son dévoûment étaient à la hauteur des circonstances.

Dès le matin du vendredi 28 août, la proclamation annoncée était affichée en ville. Le maire avertissait ses concitoyens de la prochaine arrivée des ennemis, et leur donnait les conseils d'usage relativement au calme et à la réserve faite de dignité et de prudence, qui seule pouvait éviter à la ville de rigoureuses représailles.

Hélas ! ce que l'on avait pu savoir du passage de l'ennemi dans tant d'autres cités de Belgique ou du Nord, n'était pas fait pour inspirer grande confiance en sa mansuétude. Aussi l'exode des Albertins va-t-il s'accentuant durant toute la journée. La gare est évacuée ainsi que l'hôtel des Postes, les établissements de Crédit, etc., le vide se fait si bien et si vite, qu'au soir de ce jour il ne reste plus autour de M. Leturcq et de quelques conseillers municipaux, qu'un petit nombre d'habitants : deux mille peut-être, sur les huit mille que comptait la ville.

Des troupes françaises passent dans les rues ; hélas ! elles se replient ! Des artilleurs dévalent en un galop rapide et disparaissent vers le sud, toujours par là ! Vingt-cinq soldats du génie, établis non loin de la gare repartent eux aussi sur Amiens, après avoir rendu inutilisables les aiguilles et les signaux.

D'heure en heure l'anxiété augmente ; que se passe-t-il donc non loin de là ?

Ah, ce qui se passait ! on l'apprit bientôt. En trop petit nombre nos braves soldats luttaient à deux pas d'Albert, contre la puissante armée de Von Kluck venue par Valenciennes, Somain, Orchies, Cambrai.

Nos trop rares bataillons avaient fait tout le possible et même plus, non pour vaincre la puissante armée, mais simplement pour retarder sa marche, et pied à pied ils lui avaient disputé le terrain.

On s'est battu à Ginchy : le commandant français croyait, lui aussi, n'avoir en face de lui qu'un parti de dix mille Allemands. Il avait dû se replier en laissant là cinq cents obus et des batteries de 75 hâtivement enclouées ; il avait dû surtout laisser là quatre-vingts morts, dont un officier.

On se bat à Longueval, à Montauban, l'ennemi est aux portes de Péronne ; à l'est d'Albert tout est à feu et à sang......

CHAPITRE II.

Les bons Samaritains d'Albert.

La Soirée du 28 Aout 1914.

La soirée du vendredi 28 août devait être marquée, pour la petite cité d'Albert, par des incidents plus tragiques encore que ceux de la matinée. Le sang de nos soldats allait rougir jusqu'aux marches de la basilique.

A deux heures des troupes passent hâtivement, c'est le 265ᵉ (XIᵉ corps) qui, très éprouvé déjà, bat en retraite. Une heure après, voici venir, les uns à pied, les autres en des voitures paysannes réquisitionnées à la hâte, les blessés français des récents combats. Ils sont 260 malheureux, harassés et sanglants, qui se traînent, où que l'on traîne, depuis Longueval (14 kilomètres), sous un soleil de feu.

Avec nos blessés sont dix prisonniers allemands que nos soldats ont pris, alors qu'ils s'oubliaient dans les délices de Capoue, jouant aux cartes et buvant du Champagne en un bois des environs.

Le cortège des blessés s'égrène, un peu partout, chez Mᵐᵉ Toussaint par exemple, et surtout sur la place d'Armes, devant la basilique.

Albert n'a aucune organisation qui puisse se charger des hôtes infortunés qui lui arrivent ainsi à l'improviste.

On a bien songé, il y a quelques semaines, à établir un hôpital de la Croix Rouge, mais des difficultés ont surgi. Ce fut d'abord une simple question d'argent, vite résolue, grâce à la générosité notamment de Mᵐᵉ Trancart, mais le manque de médecins et d'autres considérations peut-être, vinrent paralyser les bonnes volontés, et le projet fut abandonné.

Un vaste immeuble et une salle de cinéma, sis rue de Nemours, avaient cependant été retenus par M. Abel Pifre, président, et par les Dames du Comité de la Croix-Rouge, en vue de l'hôpital projeté, mais aucun aménagement n'y a été fait, et les locaux sont restés fermés ; au moment de l'arrivée de l'énorme convoi de blessés tout est donc à improviser.

Pour comble de malheur les personnes qui pourraient jouer un rôle particulièrement utile en cette occurrence ne sont plus là.

Des Dames inscrites à la Croix-Rouge ont jugé que leur présence n'était plus requise puisqu'aucun hôpital n'était créé ; elles ont disparu.

Des quatre médecins habitant Albert il n'en reste plus un ; la mobilisation a touché dès les premiers jours, les docteurs Dassonville et Toussaint ; le docteur Hazemann, mobilisable à brève échéance, a jugé bon de se rapprocher du dépôt auquel il allait être affecté ; enfin le docteur Verrier, lui non plus, n'est pas là.

Sur les quatre pharmaciens de la ville, MM. Sauvage et Moitié ont déjà répondu à l'ordre de mobilisation ; parti précipitamment pour conduire sa famille en lieu sûr, M. Grare s'est trouvé bloqué à Amiens, comme il advint à bon nombre d'autres albertins, si bien qu'il n'y a plus en ville que M. Leturcq que ses fonctions de Maire appellent partout en même temps.

Mais s'il reste peu de monde à Albert, du moins les cœurs capables de beaux dévouements n'y manquent pas. Chaque blessé trouvera de suite le bon samaritain dont il a tant besoin, et la charitable initiative des albertins présents va réparer en un instant l'imprévoyance des semaines écoulées.

Voici accourir un groupe de Dames décidées à tout faire pour soulager nos infortunés soldats, et auprès d'elles, des hommes se pressent pour leur prêter main-forte.

Mᵐᵉ Toussaint, dont la compétence est bien établie tant on l'a vue soigner souventes fois des accidentés du travail, se met à panser ceux des blessés qui ont fait halte devant sa maison, route de Bapaume.

Sur le parvis même de la basilique, et jusque très loin dans les rues adjacentes, d'autres blessés se couchent n'en pouvant plus. C'est là que les secours urgents leur seront d'abord donnés. Pendant que, nombreux, les albertins s'empressent de distribuer des boissons, les Dames étanchent le sang et pansent les blessures. L'eau oxygénée fait défaut, mais l'ingéniosité de Mˡˡᵉ Clara Boulenger tourne la difficulté et, à son instigation, les vulgaires siphons d'eau-de-seltz d'un estaminet voisin se transforment bientôt en appareils

La Rue d'Amiens avant le bombardement.

La Rue d'Amiens après le bombardement.

sanitaires ; leur jet puissant autant qu'antiseptique arrose les chairs tuméfiées, expurgeant les corps étrangers et nettoyant les plaies à merveille.

Mais il faut sans retard organiser une formation sanitaire moins sommaire, car les troupes ont disparu, laissant là leurs blessés qui deviennent les hôtes de la ville.

M. le Maire et les Dames présentes se consultent un instant, puis tout le monde se met à l'œuvre. C'est sur l'Hospice d'abord que l'on dirige les soldats plus gravement atteints, mais bientôt les lits y font défaut. En ce temps de vacances, l'École Supérieure est riche en lits de fer, on va les transporter à l'Hospice ; hélas ! il faut pour cela les démonter, et les braves gens qui s'attaquent à ce travail constatent bientôt qu'il n'avance pas vite ; il faut chercher autre chose. On se souvient alors que des préparatifs furent faits jadis par la Croix-Rouge, dans la salle du Cinéma, on y court, mais on n'y peut entrer, d'ailleurs elle est vide. Décidément, c'est l'École Supérieure elle-même qui sera le premier hôpital improvisé. Bientôt cent-cinquante blessés y sont installés ; une religieuse de l'Hospice, sœur Marie, vient prendre la direction de la maison, avec, pour aides volontaires, Mme Rullon et sa sœur Mlle Clara Boulenger, Mme Lemaître, Mlle Poidebard, Mme Langlois-Quiret, Mme Cauchy, Mme Plaquin, Mlle Dermy, Mlle Neuhausen. M. Cauchy et quelques autres messieurs viennent joindre leur dévoûment à celui des dames.

Mais cette seule organisation est insuffisante, il faut encore d'autres salles; c'est au pensionnat de Mme Boitel (ancien pensionnat de la Sainte Famille), qu'on demandera asile. A la directrice de la Maison se joignent, pour desservir le nouvel hôpital, ses adjointes : Mlles Laurent, Mélanie, Berthe et Léonie. Mme Leturcq vient leur prêter aide et assistance.

Au nombre de quarante environ les derniers blessés sont recueillis au pensionnat de jeunes filles dirigé par Mlle Cordier, où, en l'absence du personnel enseignant de la Maison, viennent s'installer les Dames de l'Abri Notre-Dame Sœur Madeleine quitte l'Hospice pour prendre la direction du nouvel hôpital. Mlle Jeanne Verdez, son père et sa mère, ainsi que Mme H. Bauduin et Mme Bruyer se dépensent sans compter pour les malheureux soldats qui ont besoin de tout en même temps.

La lingerie de l'Abri Notre-Dame et celle du pensionnat sont sacrifiées sur l'heure, on ne regarde à rien, tant on veut que chaque blessé soit pansé, soigné, choyé au plus vite et au mieux.

Les ecclésiastiques ne sont pas nombreux à Albert : M. l'Abbé Cardon, l'un des vicaires, est mobilisé et sert en qualité d'infirmier à l'Hôpital n° 9 (École de la Providence), à Amiens. Les prêtres retirés à l'Abri Notre-Dame font ce qu'ils peuvent, mais ils sont très âgés et souffrants. L'un d'eux, M. l'Abbé Hyacinthe Gambart, ancien curé d'Allaines et de Quend, sera bientôt transporté à Amiens, où il mourra (4 février 1915) sans voir la fin de son exil.

En somme trois prêtres seulement peuvent se livrer au ministère charitable : M. l'abbé Gosset, curé-doyen, qui relève à peine d'une longue maladie, mais accourt néanmoins tout le premier pour donner aux blessés, avec ses soins affectueux et les consolations de son ministère, ces paroles d'espoir et de réconfort qui, sorties de son excellent cœur, sont si précieuses pour eux en ce moment de détresse totale. Auprès de lui et comme lui, M. l'Abbé Friant, vicaire, puis M. l'Abbé Foiret, prêtre habitué, se dépensent sans compter, s'ingéniant à relever les courages et à faire demeurer l'Espérance là où règne déjà la Charité. Enfin, M. l'Abbé Jean Baudry, du séminaire d'Amiens, prodigue lui aussi ses soins aux blessés et rend mille services aux dévouées organisatrices des salles d'hôpital.

La bonne volonté et le dévoûment de tous n'étaient certes pas de trop, et l'on devine combien il fut malaisé aux courageuses femmes et à leurs aides, de suffire à tous les besoins de semblable improvisation.

Leur charitabe effort fit des merveilles. On les vit, diligentes abeilles, courant par les rues à la recherche de linge, de literies, d'ustensiles de cuisine, de vivres, de douceurs et surtout de remèdes et de pansements. Il est juste d'ailleurs de dire que personne ne leur refusait ce qu'elles demandaient, objets, vivres ou assistance.

En un clin d'œil, devant ce convoi de soldats blessés, en présence du sang français qui coule, toutes les divisions et chicanes d'antan ont cessé d'exister ; il n'y a plus de partis politiques, les rangs sociaux sont fraternellement confondus et l'on voit des personnes venues des pôles opposés des idées et des convictions, unir leurs efforts sans compter, pour coopérer de leur mieux au soulagement des pauvres soldats blessés.

Éternelle et admirable élasticité du caractère français, merveilleuse force des cœurs qui chez nous savent si bien vibrer à l'unisson quand il le faut. Notre lourd ennemi s'y est trompé ; il a cru que nos divisions seraient éternelles, comme sont éternelles sa haine, sa cupidité et sa monstrueuse barbarie. Il nous connaissait mal. Dès ce premier jour où la petite cité picarde est ensanglantée par la guerre, on peut voir ici, dans toute sa consolante beauté, le tableau ravissant et plein de promesses glorieuses d'un peuple uniquement préoccupé du bien de la patrie. Ce jour, Albert connut tout de bon ce que l'on a justement nommé l'union sacrée, et chacun sut faire abstraction des pensées qui divisent.

Mais revenons à notre récit : en toute diligence donc les hôpitaux s'organisent, les particuliers ont fourni tout le nécessaire en linge et literies, l'officine de M. Leturcq a été dévalisée, par de pieuses mains, à l'intention des blessés, aussi, au soir de ce jour, chacun d'eux était-il dûment pansé et bien couché, sous une garde vigilante et dévouée.

A la nuit arrivent quatre médecins militaires français, mais c'est dans la salle du cinéma que l'ordre de leurs chefs les envoie. Il faut de longs palabres et même une visite à cette salle déserte, pour les convaincre que leur présence est nécessaire ailleurs. Ils se décident enfin à visiter les hôpitaux improvisés et y donnent dès lors leurs soins de très louable façon, sans cacher leur admiration entière pour tout ce qui a été fait si vite et si bien.

On devine ce que fut la nuit qui suivit. En dépit de l'extrême fatigue, personne ne dormit.

Dans l'anxieuse attente des événements probables, chacun écouta au cours des heures, alterner les plaintes des blessés et les notes pieuses du carillon de la basilique répétant, de quart d'heure en quart d'heure, sa prière habituelle : *Inviolata, integra et casta es Marla !*

Hélas, cette belle louange à la Mère de Dieu, pouvait aussi s'appliquer à son temple d'ici-bas, et les notes argentines prendre alors le son d'un chant funèbre, telles ces incantations douces et douloureuses qu'aux pays d'Orient on a coutume de faire entendre près de la couche des mourants.

Mais aussi, n'est-elle pas d'Orient, la Basilique de Notre-Dame de Brebières, par son style, par sa décoration, puis elle abrite *la Vierge qui vient du Liban !*

Elle est d'Orient, et ses jours sont maintenant comptés ! ! !

CHAPITRE III.

Voilà l'ennemi !

Le samedi 29 août, de grand matin, un jeune garçon accourt en bicyclette, criant de par les rues : « Voilà les Prussiens. Je les ai vus ; ils viennent ! »

Et c'était vrai !

Au plus vite il importe de sauver les malheureux blessés, menacés maintenant d'être faits prisonniers dans les hôpitaux si péniblement créés la veille. En un instant les voitures automobiles d'ambulance sont chargées et, par la grand'route, se dirigent vers Amiens. D'autres blessés sont installés tant bien que mal, et plutôt mal que bien, en des véhicules disparates, requis à la hâte et qui partent vers le sud-ouest ; la marche devant être lente alors que le danger est pressant, ces convois éviteront la grand'route ; Sœur Madeleine, qui est de la région, indique des chemins détournés et d'humbles voyettes qu'elle connaît fort bien, c'est par là que nos pauvres soldats gagneront Amiens avec plus de sécurité.

Quelques blessés sont partis à pied ; il en fut un groupe qui, au sortir de la ville, se trouva en danger. Abrités dans une cave, ces hommes restèrent cachés deux jours entiers avant de continuer leur chemin, de peur de tomber entre les mains des ennemis et de ne plus pouvoir combattre.

Chez Mme Cordier, les blessés sont sauvés également à temps, mais, à leur arrivée, les ennemis trouveront dans la cour un stock important de sacs, de capotes, de chaussures, etc.

A peine les derniers blessés disparaissaient-ils à l'ouest que l'ennemi arrivait par le nord-est, du côté du cimetière.

Ce sont, sous la conduite d'un lieutenant, des chasseurs à cheval, qui viennent en éclaireurs. Bientôt ils frappent à la porte de l'Hospice. Sœur Antoinette se trouve là pour leur ouvrir. Coïncidence curieuse et tragique recommencement, déjà, en 1870, la même sœur Antoinette a reçu les mêmes envahisseurs, à la porte du même hospice, situé alors rue d'Amiens, où est maintenant l'Ecole

Supérieure. Voilà cinquante ans que la sainte fille monte à l'Hospice d'Albert sa charitable faction que, pour la seconde fois, les Allemands viennent troubler. Sœur Antoinette ne tremble pas, même quand les reîtres la mettent en joue, en lui demandant s'il y a des soldats français dans l'établissement et dans la ville. Pour plus de sûreté le lieutenant fait, révolver au poing, la visite de l'Hospice. « Vous êtes tous prisonniers, crie-t-il en entrant dans la grande salle où, avec les blessés se trouve l'abbé Friant, venu là pour offrir les secours de son ministère et ses consolations. L'officier s'approche du prêtre et après s'être assuré de ce qu'il faisait, il s'offre à le reconduire en personne à la maison vicariale, ce qui eut lieu. Arrivé chez l'ecclésiastique, le lieutenant opéra une visite sommaire, il visita même la maison voisine, celle de l'abbé Cardon, et prit simplement pour son usage personnel une carte de France suspendue au mur.

Sûrs qu'il n'y a pas de force armée, les éclaireurs s'avancent dans les rues désertes et s'arrêtent devant le perron de la mairie. Il est une heure un quart.

— Le maire est sans doute parti comme les autres, interroge l'officier allemand en s'adressant à un jeune homme resté là pour voir.

— Non, le Maire est chez lui, et il n'a pas peur, répond avec à propos le garçon.

Le garde Clabaut conduit alors le lieutenant chez M. Leturcq. Bientôt le premier magistrat et son indésirable visiteur revenaient à la mairie. Auprès du Maire se tenaient les soldats allemands et l'officier, un géant aux traits durs, marchait à côté du groupe.

Dès que, dans le cabinet du Maire, la conversation s'engage, on en devine le ton et même la chanson : M. Leturcq est informé que les troupes allemandes vont faire leur entrée et occuper la ville, qu'il aura, lui, Maire, à garder ses fonctions, sous la dépendance entière du général Riemann, et qu'enfin il sera tenu pour personnellement responsable de tout acte d'hostilité qui pourrait être commis contre les troupes du kaiser.

— Maintenant, mettez des affiches pour prévenir votre monde, conclut l'officier.

— L'affiche nécessaire est déjà posée, répond M. Leturcq.

— Allons la voir ! Et les deux hommes vont au dehors, au cadre des affiches. L'officier interrompt bientôt sa lecture : « Pourquoi nous traitez-vous d'envahisseurs ? — Mais comment voulez-vous donc que je vous appelle, répond le Maire.

Passant bientôt à une préoccupation d'un ordre plus immédiatement pratique, l'officier s'enquit d'un hôtel où il pourrait déjeuner,
et fit la grimace en apprenant que tous les restaurants étaient fermés.

— Voyons, dit-il à M. Leturcq, chez vous, je trouverai bien des
œufs et du fromage ? — Venez, vous en aurez. Et M. le Maire
amène son grandissime pensionnaire à Mme Leturcq qui, on peut le
penser, n'en fut pas très enchantée. Elle sut néanmoins garder
prudemment pour elle ses impressions et fit servir au plus vite des
œufs et du fromage que l'hôte arrosa copieusement de trois bouteilles
de vin. Ah ! ces gosiers teutons !

Mais l'escorte est restée à la porte et voici que quelques habitants
se montrent un peu trop empressés à venir voir ce que le lieutenant
peut bien faire dans la maison de M. Leturcq. Les Allemands
n'aiment pas qu'on les regarde, ils témoignent bientôt leur mauvaise
humeur en tirant quelques coups de revolver qui ne blessent personne,
mais ont pour effet de faire rentrer les gens très prestement chez eux.

Le lieutenant retient trois chambres dans la maison de M. Leturcq
et va visiter avec le Maire la vaste demeure de M. Boulenger-
Daussy. Il faut trouver trois chambres et y placer quatre lits. Il y a
bien des chambres sur l'arrière, mais l'officier ne veut que des
chambres donnant sur la rue ; il exige aussi que les fenêtres soient
éclairées pendant toute la nuit. Enfin, toutes les prescriptions
données, l'officier annonce que le général viendra loger là et qu'il
faut presser les préparatifs.

Au dehors, un incident tragique se produit alors : il était deux
heures environ, quand un coup de feu retentit dans la rue de
Nemours. C'était un pauvre hère de la ville, Lassal, plus connu sous
le nom de Vignon, dont le patriotisme exalté sans doute par un peu
d'alcool, venait de se traduire ainsi. Quand il avait bu, chose qui
n'était pas rare, Vignon parlait souvent de « zigouiller » le premier
prussien qu'il verrait. Dans sa logique d'ivrogne il avait jugé ce jour
que le moment était venu de tenir son serment, et, armé d'un vieux
fusil, il venait de tirer sur les éclaireurs allemands. Ceux-ci, on le
devine, s'emparèrent prestement de l'homme et le conduisirent à
leur lieutenant qui, heureusement, vit à qui il avait à faire. M. Leturcq,
chez qui se passait la scène, plaida d'ailleurs la cause du pochard,
qui fut relâché.

Les éclaireurs se retirent enfin avec le lieutenant, mais hélas ! la
ville est au pouvoir de l'ennemi. Bientôt d'autres cavaliers se
montrent, puis des officiers.

Le général Riemann envoie l'un de ses officiers d'ordonnance à M. Leturcq pour lui intimer l'ordre de presser les préparatifs de son appartement et aussi de lui envoyer sans retard des tartines pour l'aider sans doute à prendre patience.

Enfin, vers 5 heures du soir, avait lieu l'entrée solennelle des troupes allemandes. Le général Riemann les regarda défiler, ayant à ses côtés M. le Maire ; inutile de dire que ce fut par suite d'une invitation, ressemblant de trop près à un ordre, que M. Leturcq alla voir parader ces reîtres qui tous chantaient à plein gosier. Pour ces hommes, l'entrée dans cette petite ville marquait une étape sur la route de Paris, qu'on leur disait tout proche, et semblable pensée les grisait de joie et d'orgueil.

Les officiers logèrent chez l'habitant et la troupe cantonna dans les faubourgs. L'état-major logea chez M. Boulenger-Daussy où un téléphone de campagne avait été installé ; il fonctionnera sans répit. Le général Riemann se coucha de bonne heure, mais toute la nuit ce fut un va et vient incessant dans la maison et aux abords. A une heure et demie du matin, un ordre téléphonique survint ; grand branle-bas : on court chercher les officiers, qui bientôt sont réunis au nombre de vingt-cinq ou trente. Le général les harangue, leur donne ses ordres et, peu après, commence le long défilé des troupes qui s'ébranlent dans la direction d'Amiens. Après le départ du dernier des 48 ou 50.000 hommes, le téléphone est replié.

Evidemment, Albert ne pouvait être qu'une étape, c'était Paris que les envahisseurs désiraient atteindre, mais on avait pensé que l'arrêt à Albert serait plus long, il n'en fut rien. Malheureusement la ville restait au pouvoir de l'ennemi qui laissait un corps d'occupation, une compagnie du 72e d'infanterie, sous les ordres du capitaine Zirgow.

En cette même nuit du 29 au 30 août, beaucoup d'albertins eurent à loger des officiers. Le choix des logements par ces Messieurs avait été minutieux. Il fallait que l'immeuble soit bien situé, que les chambres aient leurs fenêtres sur la rue. On les vit refuser d'entrer dans des maisons placées légèrement en retrait de l'alignement. Ces vandales avaient vraiment la prudence du serpent.

Chez M. Boulenger-Daussy, quand les grands chefs furent logés, survint un fringant lieutenant qui, à son tour, exigea un lit ; on lui montra une chambre où il y en avait deux. Le teuton se cambra alors devant les dames de la maison et, pour montrer sans doute qu'il connaissait à fond notre langue, leur lança énergiquement ce célèbre mot que Cambronne immortalisa en le lançant lui aussi pendant une guerre, mais en de tout autres circonstances. Notre teuton fut seul à penser qu'il avait bien copié son modèle et ses interlocutrices tournèrent le dos à ce goujat grotesque.

Voilà donc Albert sous la botte allemande ; le premier soin des envahisseurs sera de piller, leur tradition le veut ; nous relèverons ci-après leurs hauts faits. Disons que dès ce 29 août, ce fut un incessant va et vient de troupes qui se succédaient, passant et repassant sans cesse, toujours en pillant un peu plus les maisons.

Pauvres maisons d'Albert, on les dévalise à présent, bientôt on les écrasera. Ne faut-il pas montrer au monde entier les vertus de la « kulture » allemande !

CHAPITRE IV.

Les Pillards à l'œuvre.

Albert n'a opposé aucune résistance, la ville fournit à l'envahisseur ce qui lui est nécessaire : d'après les lois de la guerre, elle ne doit subir nulle rigueur. Mais, nous l'avons dit, pour ces reîtres d'Allemagne la guerre ne se conçoit pas sans pillage. A peine sont-ils un peu reposés qu'ils se mettent à leur vile et traditionnelle besogne. L'autorisation donnée par les chefs s'étend seulement, il est vrai, aux maisons que les habitants ont désertées, mais la soldatesque s'arroge le droit d'en piller quelques autres.

Le capitaine Zirgow et son lieutenant logent chez le maire, ce qui vaut à M. et à Mme Leturcq quelques ennuis supplémentaires. C'est ainsi par exemple, qu'en une seule journée, Mme Leturcq ne dut pas préparer moins de quarante repas, et, pour couvrir les frais de cette débauche gastronomique, le capitaine Zirgow lui fit remettre généreusement, dit-on, un bon pour cinq déjeuners, bon payable après la guerre, bien entendu ! A part ces somptuosités cullinaires les illustres pensionnaires gardèrent-ils du moins une réserve de bon ton.

M. le Doyen héberge quatre officiers qui se tiennent convenablement ; que n'en est-il partout ainsi !

Trois officiers logent chez M. Rullon, maître de forges ; ceux-là passent leur nuit à compulser les papiers d'affaires de leur hôte, leur concurrent sans doute sur le terrain industriel. La maison leur a été laissée en toute liberté, Mme Rullon ayant jugé convenable, en l'absence de son mari mobilisé, de se retirer chez son père. Quand elle revint chez elle, la maîtresse de maison trouva les papiers de son mari éparpillés à travers les cours et jardins.

Chez M. Picard-Deneux, adjoint au maire et négociant en vins, le coffre-fort est forcé, les bureaux mis à sac, des tonneaux de vin sont enlevés et les bouteilles de Champagne disparaissent comme par enchantement. Dans le grand salon, un officier a jugé spirituel d'installer son cheval à qui le piano tient lieu de mangeoire. Si

l'animal manqua de tenue, son maître n'en eut guère davantage :
il se fit là pendant toute la nuit une orgie de tous les diables, avec
éclairage à giorno.

Au café du *Jeu de Paume*, M. Lobry loge des officiers, des sages
ceux-là, ils passent leur nuit, en partie au moins, à étudier leurs
cartes. Sans doute cherchent-ils à évaluer la distance qui les sépare
de Paris ; d'autres officiers ont bien prétendu n'en être qu'à trente
kilomètres !

Chez M. Ducellier, vétérinaire, rue des Illieux, sont six officiers
atteints sans doute de boulimie : ils exigent pour leur souper, un
poulet pour chacun. Bientôt les ordonnances de ces gargantuas
apportent de nombreuses bouteilles de Champagne tirées des chais
de M. Picard.

Les appartements du chef de gare, M. Baly, sont saccagés
malgré la présence du propriétaire revenu après son premier départ.
A la gare même, de nombreux colis s'offraient à l'avidité des teutons
qui en profitèrent largement. Le hall resta encombré de marchandises tirées par eux des malles et des caisses éventrées. On voyait
dominer surtout dans le tas, des chaussures qu'une fabrique avait
adressées à l'un des commerçants de la ville. Les hardes d'une petite
servante sortaient d'une malle et servaient à distraire les Allemands
avant de servir de tapis aux passants.

L'Hôtel de Ville fut fouillé de fond en comble, comme bien on
pense. Les pillards ne prirent cependant que l'écharpe du maire et
les plans de la ville, puis ils jetèrent pêle-mêle les dossiers et les
archives. Par bonheur ils ne touchèrent pas à la charte communale
exposée dans un grand cadre. Ce précieux document, datant de
l'an 1178, fut mis en lumière par l'historien d'Albert H. Daussy, et
est justement cher aux albertins. Avant même le départ des ennemis,
l'antique charte fut mise en sûreté ; la future mairie d'Albert reverra
donc ce vénérable vestige du passé.

Chez Mme Desplanque, débitante et buraliste, il y a tout pour
tenter les appétits, et la patronne est absente ; aussi, en moins de
temps qu'il n'en faut pour l'écrire, portes et fenêtres volent en éclats.
Un grand diable d'Allemand s'improvise garçon de magasin, en souvenir sans doute de son métier, là-bas, de l'autre côté du Rhin ;
il sert ses compatriotes à qui il donne tout gratuitement : tabac,
cigares, vins, liqueurs, tout y passe et très lestement. Il en est de
même chez M. Batté, buraliste, rue d'Amiens.

Au garage Cocu-Dubois, rue Carnot, où le capitaine Zirgow a

établi un poste d'occupation, il manque après le départ de ces Messieurs, trois automobiles et trente bicyclettes. M. Boutrouille a cinquante Allemands chez lui, aussi dans quel état est sa maison ! Le grand salon qui vient justement d'être refait à neuf est le théâtre de saturnales effarantes : orgies, bals travestis, etc.

Mme Trancart est absente de sa maison de la rue Jeanne d'Harcourt. Après l'orgie et le bal sous les lumières étincelantes, les officiers teutons fouillent tous les meubles, dévalisent riches fourrures et bijoux précieux, jetant à la rue les papiers et toute la correspondance.

Mme Monchy-Oger a sa maison pillée, mais du moins le vandalisme des occupants ne va pas jusqu'au bout ; ils ne gâtent pas ce ce qu'ils dédaignent d'emporter.

Le magasin d'étoffes et rouenneries de M. Mille-Tutin est saccagé de fond en comble, tandis que, non loin de là, chez M. Victor Caullier, un magasin tout semblable est simplement bouleversé ; les Allemands s'y réapprovisionnent seulement en bas et en chaussettes. Les chaussures du magasin de M. Rosée-Sery disparaissent en grand nombre.

A la librairie de M. Grossel, sur la place d'Armes, l'article le plus en faveur paraît avoir été le carnet de poche, il n'en resta pas un. Sans doute les soldats du kaiser avaient-ils déjà rempli les fameux carnets de guerre distribués à Berlin. Aussi, c'est qu'ils en avaient à noter des actions d'éclats, après la traversée de la Belgique ! Les articles de piété, souvenirs de pèlerinage, etc., dont le magasin était abondamment pourvu, disparaissaient aussi jusqu'au dernier ; bref, le saccage fut complet.

Au Marché-aux-Moutons, le vandalisme s'exerce également en plusieurs maisons, notamment chez M. Laisne, mécanicien et marchand de cycles ; les pneus et accessoires d'automobiles disparaissent comme par enchantement.

Chez M. Boulanger qui, en dépit de son nom, est établi boucher rue de Bapaume, les vandales brisent la porte à coups de hache et attaquent la grille qui ferme l'étal. On leur représente que si le patron n'est pas là, c'est parce qu'il est mobilisé, qu'il est soldat comme eux, et que d'ailleurs la boutique est vide. Ils entrent quand même, visitent tous les coins, même et surtout l'armoire-glacière, et se retirent enfin en enlevant deux bicyclettes neuves.

Non loin de là sont l'épicerie et le magasin de fruits et primeurs de M. Pommier ; tout y est pillé en un instant.

A la Boucherie Parisienne, le patron M. Wouharmet est absent ; parti le jeudi soir pour Corbie, il a voulu revenir aussitôt, mais déjà les trains ne roulaient plus que dans la direction d'Amiens. En l'absence du boucher, M. le Maire a dû faire forcer l'entrée du magasin et, pour débiter la viande qui abonde à l'étal, il a préposé d'office un ancien garçon de la maison, Gaston Leclercq, un Belge de vingt ans.

A son retour en sa maison, M. Wouharmet ne trouva plus de viande et pas grande recette en argent. Un bon de réquisition relatif à un fusil-aiguiseur et à un couteau, le consolait mal de l'absence de numéraire. Quant au pauvre Gaston Leclercq, il se souviendra longtemps sans doute de ses débuts comme patron : il assure que ses clients d'Allemagne, non contents de partir sans payer, se montrèrent d'une impatience excessive. Tous uniformément voulaient de la viande hâchée ; pour être servis plus vite ils forcèrent Gaston Leclercq à travailler avec un hâchoir en chaque main. Pour presser encore le travail, quelques-uns lui frappèrent sur les doigts avec le dos d'un couteau et lui mirent les mains en sang.

Le magasin de M. Delannoy, buraliste et débitant, près de la gare, est vidé de fond en comble, ainsi que le débit de tabac et les appartements de Mme veuve Richard, sur la place d'Armes.

Chez M. Gaffet, hôtelier rue de la Station, eut lieu une orgie digne de Sardanapal, avec, comme complément, une mascarade indescriptible. Tout fut pillé, souillé, perdu dans l'établissement.

A l'angle de la rue Carnot et de la rue d'Amiens, dans le magasin de nouveautés de M. Courtray-Peuvion, se déroule une scène de carnaval : de lourds teutons revêtent d'élégantes et fraîches toilettes de mariées, puis, couronnés d'oranger, vont promener leurs grâces — ou ce qui en tient lieu — devant les zincs des cabarets voisins. Pour simuler le cortège nuptial, d'autres Allemands dévalisent tout le magasin et revêtent les costumes les plus fantaisistes.

Bientôt un détachement allemand vient prendre possession du bureau de poste. Comme la porte en est fermée, un sous-officier crie : « Qu'on apporte une bombe ! » Pour éviter un plus grand mal, des albertins présents s'offrent à forcer la porte. Les Allemands ne quittent la place qu'après avoir détruit les fils, rompu les appareils et même pillé les appartements du receveur.

Où ils ne trouvent rien à leur convenance, ces vandales abîment et saccagent par plaisir.

Heureux les habitants dont l'énergique présence a pu défendre l'entrée de leur maison à la soldatesque teutonne. Parmi ces braves on cite Mme Toussaint, qui défendit elle-même son seuil et en fut quitte ainsi pour quelques distributions de vivres et de boissons.

Chez M. Dufourmantelle, négociant en vins et spiritueux, rue de Doullens une montre sans valeur est prise ainsi que quelques vêtements ; la maison est gardée, les Allemands ne touchent pas aux valeurs ni aux liquides.

Mme Comte a reçu à sa villa des Rochers, cinquante fantassins allemands, mais grâce à la présence de sept officiers, aucun acte de vandalisme ni même aucun pillage n'est exercé.

Au magasin de fines épiceries et pâtisseries de M. Camille Langlois, rue Gambetta, c'est un envahissement total et les rudes estomacs teutons engloutissent prestement toutes les victuailles, mais on paie, donc tout est bien ; que n'en est-il partout ainsi ?

M. Baudry, sacristain de la basilique, n'est pas chez lui. A son retour il constatera qu'il a été pillé lui aussi. Entre bien d'autres choses il manque au logis deux harmoniums, et une table ronde. Le bureau du fils, l'abbé Baudry, a été saccagé et beaucoup de papiers importants ont disparu, entre autres les livres de compte de la paroisse et le livret militaire du sacristain.

A la belle exploitation agricole de M. Arty, route d'Amiens, quatre chevaux sont réquisitionnés et payés..... par des bons, de même pour le vin, le cidre, la bière, l'avoine, le foin de l'établissement. Tout auprès de la ferme est la maison de M. Arty-Dufourmantelle, inhabitée pour le moment ; là, les soldats du poste allemand s'en donnent à cœur joie, du moins ne sabotent-ils rien, se contentant de prendre le linge, les vivres et la boisson.

Le butin pris à Albert par les envahisseurs fut important ; le soir un tombereau défila par les rues pour recueillir les colis que Messieurs les voleurs désiraient expédier en Allemagne. On voit que le pillage était pour eux une « affaire » bien organisée. Vraiment la vieille réputation des Germains n'est pas surfaite : ils sont passés maîtres en ce honteux genre de sport !

Il nous serait agréable de pouvoir noter ici que tous les habitants d'Albert surent garder au cours des scènes de vandalisme dont la ville fut le théâtre, une conduite digne et une tenue irréprochable. Le souci de la vérité nous oblige à mentionner que l'on vit des femmes, sorties on ne sait d'où, escorter ostensiblement ces bourreaux de leur cité. Plus d'une même bénéficia, avec un plaisir marqué, des largesses que les pillards voulurent bien leur faire, aux dépens bien entendu des commerçants et des bourgeois de l'endroit. Si petit qu'ait été le nombre de ces tristes créatures, nous en faisons mention pour les stigmatiser au nom de la ville honnête dont elles firent la honte.

Le capitaine Zirgow affectionne les réquisitions, il en ordonne coup sur coup et M. le Maire doit s'ingénier pour trouver un péu au moins de ce qui lui est demandé, et parlementer à l'infini pour ne pas donner davantage. Son éloquence connut quelques beaux succès, le jour, par exemple, où deux officiers de uhlans chargés de lever une contribution de guerre voulurent vérifier, en présence du Maire, ce que contenaient la caisse municipale et les coffres de la Caisse d'Epargne et de la Société Générale.

— Il y a environ 4.000 francs à la Recette municipale, dit M. Leturcq, ailleurs il n'y a rien. Ces 4.000 francs ne sont pas à l'État mais à la Ville ; c'est tout ce que j'ai pour faire vivre la population qui est entièrement à la charge de la Mairie, tout travail ayant cessé. J'espère bien que vous n'enlèverez pas ce dernier argent ? Je vous le laisse, répondit l'officier, à qui le ton calme mais digne du Maire inspirait sûrement du respect.

CHAPITRE V.

Albert sous la botte allemande.

Une fois passées les heures cruelles et périlleuses de l'arrivée des Allemands à Albert, et dès que fut assouvie la passion traditionnelle des teutons pour le pillage, le calme se fit dans la cité violée. La ville prit alors un aspect très à part, on eut dit ce calme trompeur que l'on remarque souvent chez les malades irrémédiablement perdus, calme qui, hélas! précède la crise suprême et la désagrégation finale.

Rien n'a été brisé encore, extérieurement la ville est intacte, mais les vitrines des magasins restent fermées ; c'est à peine si les portes, seules dégagées de leurs volets, s'entr'ouvent pour indiquer que les habitants sont encore là, point qu'il importe de signaler aux passants, le pillage des maisons abandonnées continuant encore pour l'agrément des envahisseurs.

Dans les rues, de rares passants se montrent, qui marchent précipitamment, évitant de se rencontrer, de se causer, tels des gens qui ne sont plus chez eux !

Les pas lourds et cadencés des soldats ennemis qui vont relever la garde ou qui en reviennent, le passage d'incessantes patrouilles, troublent seuls le silence de mort qui plane sur la ville infortunée.

Très précautionneux, les Allemands sont arrivés munis d'affiches toutes préparées. Leur prose a un relent d'outre-Rhin et sent bien un peu la choucroute, mais enfin on comprend ce qu'ils veulent dire et c'est l'essentiel.

La première proclamation affichée en ville est faite pour rassurer les habitants : « Nous ne faisons pas la guerre aux non combattants » déclarent-ils. Ils pourraient ajouter, mais nous prenons leurs biens...

Et les affiches se succèdent ; on apprend que la circulation ne sera permise en ville qu'à partir de six heures du matin et que le couvre-feu sera sonné à 8 heures, heure allemande, la seule bonne, bien entendu.

Une autre affiche notifie que l'approche du champ de tir de la
« Pro Patria » est rigoureusement interdit, les soldats allemands
devant faire l'exercice en cet endroit. Sur les autres routes on peut
circuler mais on s'y heurte à des patrouilles et ces rencontres sont
peu rassurantes. C'est qu'il y a tout à craindre des soldats allemands postés aux environs de la ville ; leur ignorance du français
rend très difficiles les explications qu'exigent ces reîtres, et rien
n'est plus déplaisant que les mesures vexatoires qu'ils emploient,
aussi préfère-t-on très généralement rester chez soi.

Pour n'avoir pas observé cette règle prudente, un jeune homme
perdit la vie. C'était un évacué venu on ne sait exactement d'où, il
fut arrêté route d'Amiens, au second jour de l'occupation, peut-être
s'était-il trop approché d'un dépôt de munitions cachées en grand
mystère près des bosquets. Conduit au poste allemand établi dans
la ferme de M. Arty, le jeune homme fut tué à coups de fusil, sous
les yeux de M. et Mme Arty. Son corps sera retrouvé plus tard, à
peine enfoui, et l'on remarquera les traces de nombreux coups de
talons de bottes et de crosses de fusils. Cet assassinat fut d'ailleurs
le seul accompli par les envahisseurs.

Dans les coins écartés, à l'extrémité des faubourgs, une confrater-
nité de mauvais aloi ne tarda pas à s'établir entre des mégères sans
honneur et les soudards du kaiser. Quelques scènes crapuleuses se
produisirent même, mais ces hontes qui n'eurent jamais leur pendant
dans la ville même, passèrent pour ainsi dire inaperçues.

A l'église, les messes et les saluts du soir ne voient plus, évidemment, les foules pressées que l'on connaissait jadis, à semblable
époque de l'année surtout. On y trouve une modeste assistance
formée des voisins les plus rapprochés de la Basilique, auxquels se
mêlent sans bruit des soldats allemands dont la tenue est correcte.
C'est qu'au milieu des luthériens qui forment la masse du corps
d'occupation, se trouvent quelques catholiques heureux d'élever
leur cœur et leurs pensées vers un idéal qui contraste vraiment
avec les tristes actes qu'une discipline de fer leur impose.

Le 8 septembre ramène l'ouverture de la traditionnelle neuvaine
à Notre-Dame de Brebières. A tour de rôle les paroisses environnantes sont admises à venir à jour fixe offrir leurs hommages à la

Vierge picarde, et cette année, c'est Méaulte qui a le privilège d'ouvrir le touchant cortège des pèlerinages. Mais sous la botte prussienne, Méaulte n'a pu venir et c'est un maigre cortège d'enfants qui entoure le clergé d'Albert, auquel a pu se joindre M. l'abbé Chatellain, curé de Méaulte. La procession se déroule cependant autour de la Basilique ne rappelant, hélas ! que de bien loin les joyeuses solennités d'antan, alors que les bergers des vallons d'alentour venaient en groupes compacts rendre les honneurs à la Madone aux Brebis.

L'Ecole Supérieure a dû garder la destination d'hôpital qui lui a été donnée lors de l'arrivée des blessés français, le 28 août, mais ce sont des Allemands que doivent soigner à présent Sœur Marie et les infirmières volontaires restées vaillamment au poste.

Ce rôle plus humanitaire qu'agréable n'apparaît pas sans danger, car les Allemands se montrent rogues, hautains, exigeants ; ils ont la menace à la bouche et il faut toute l'énergie de Sœur Marie pour décider ces reîtres à déposer leurs armes à l'entrée de la salle. Il serait peu prudent ni convenable de laisser les dames seules avec de semblables malades, aussi MM. V. Caullier, Jean Baudry, Porquet, Cauchy et quelques autres, viennent passer la nuit dans la maison. Aucun fait regrettable ne se produit d'ailleurs, mais on peut, sans crainte d'erreur, attribuer ce calme à la douce et prudente conduite des excellentes infirmières.

Des majors allemands font le service de l'hôpital, ils assurent également, à l'occasion, le soin des blessés et malades de la population civile. Ce sont eux qui pansent M. Malaise, l'huissier, qui s'est cassé un bras ; ce sont eux également qui assistent quelques accouchées ; partout on n'a qu'à se louer de leurs bons offices.

Les nouvelles se font rares : plus de poste, de télégraphe ni de téléphone, et plus de journaux. Comme chez les peuples primitifs, c'est de bouche en bouche que se transmettent les messages que de hardis jeunes gens vont quérir dans la région non envahie. De nombreuses patrouilles de cavalerie allemande circulent dans les environs, où l'on sait que des soldats français sont restés encerclés lors de la retraite. Cachés dans les bois de Montauban, de Longueval et d'ailleurs, terrés parfois dans les fossés ou couchés au milieu d'un champ, ces malheureux, nourris par des habitants du voisinage, ne parvinrent pas tous, hélas ! à régagner Doullens, où l'on en vit arriver dans le plus piteux état, plus de quinze jours encore après l'envahissement. Ce détail montre quelle hardiesse il fallait aux hommes d'Albert qui se risquaient, malgré les défenses expresses de l'ennemi, jusqu'aux lignes françaises. Il s'en trouva plusieurs cependant qui, au risque de se faire fusiller, s'esquivèrent à pied ou en bicyclette, par des chemins de terre ou des sentes ignorées et gagnèrent Doullens et Abbeville. Quelques-uns de ces vaillants trouvèrent même le moyen de revenir, en rapportant des lettres et des journaux. Citons notamment un jeune homme de 18 ans, Adolphe Dufourmantel qui, allant en bicyclette jusqu'à Cayeux, revint avec une ample provision de journaux et de lettres. Les heureuses missives sont reçues, on le devine, avec un bien grand plaisir ; on les lit jusqu'au dernier mot, on se les passe de mains en mains et on épilogue longuement, entre amis, sur les nouvelles ainsi parvenues.

Entre beaucoup de récits effrayants de crimes commis par les Allemands, on peut lire parfois de très consolantes nouvelles.

Le *Télégramme de Boulogne* du 8 septembre, par exemple, dont un numéro parvint à Albert quelques jours après, fit connaître que l'armée allemande, semblant abandonner Paris, se jetait sur le sud-est de la capitale. Avec une justesse d'appréciation que l'avenir allait bientôt consacrer, le journal insistait sur les conséquences si heureuses pour nous, que faisait pressentir cette faute de l'envahisseur. Puis on pouvait lire quantité d'autres bonnes nouvelles : c'était la marche victorieuse des Russes en Galicie, c'était Maubeuge qui tenait toujours. De ces lectures, les emmurés de la petite cité picarde tiraient un espoir plus fort parce que mieux fondé, en un avenir plus riant pour nos armes. Jamais personne ne désespéra dans la ville envahie, et les courages y furent toujours à la hauteur des circonstances.

Ne pouvant guère faire autre chose, les opprimés d'Albert épient les faits et gestes de l'oppresseur pour surprendre les premiers signes de sa lassitude et surtout les prodromes de sa retraite. A défaut de travail, de commerce, de politique générale ou locale, à défaut de ces petits passe-temps que sont, en toute petite ville, les événements quotidiens, voire l'arrivée des trains ou la promenade aux endroits où l'on cause, on s'entretient ici en aparté de certains incidents locaux dont plusieurs, il est vrai, ne manquaient pas d'intérêt. Arrêtons-nous à quelques-uns de ces faits divers qui, vu les tristesses du moment, prirent alors l'importance de véritables événements (1).

Parmi les nouvelles rapportées à Albert par les intrépides estafettes volontaires, parvinrent à plusieurs reprises des ordres de mobilisation. L'un de ces ordres, concernant les gardes-voies de communications (G. V. C.) causa une vive anxiété dans la ville. C'est bien pour ces braves gens que l'on a dit qu'il est parfois plus difficile de connaître son devoir que de l'accomplir. Les uns sont d'avis de franchir les lignes ennemies pour répondre aux différents appels qui ont été lancés par l'autorité militaire, les autres font remarquer que ce serait risquer gros jeu et pour les mobilisés et pour la population d'Albert sur qui les Allemands pourraient exercer des représailles. Pour en finir, les mobilisables des classes 1887, 1888 et 1889 chargèrent l'un d'eux, M. Boulanger-Leuwerr, d'aller aux nouvelles, mais le messager ne revint pas. Ayant réussi à franchir les lignes, il fut simplement incorporé, sans qu'on lui permit de revenir rendre réponse à ses concitoyens.

Au début de l'occupation, le capitaine Zirgow avait ordonné au maire de faire afficher l'ordre pour les habitants d'avoir à déposer, sans retard, à l'Hôtel de Ville, toutes les armes en leur possession. L'affiche fut apposée et l'ordre très généralement exécuté. Cependant, un ouvrier, M. Flamand, eut l'imprudence de conserver par devers lui un revolver, il eut le tort plus grand encore de se faire prendre quelques jours après.

Aussitôt découvert, le pauvre homme est jugé, condamné, et le voici devant le peloton d'exécution. La femme du malheureux est

---

(1) Par raison de stricte prudence, nous renonçons, au dernier moment, à narrer ici l'histoire très intéressante d'un petit maréchal-des-logis qui dut beaucoup à l'une des excellentes religieuses d'Albert. Le jour viendra où nous pourrons sortir de notre réserve ; que l'on nous fasse crédit.

accourue, elle se traîne suppliante aux genoux du capitaine qui ne veut rien entendre. M. Leturcq accourt lui-même dès que prévenu, et mêle ses instances les plus pressantes à celles de la femme du condamné, il se porte garant de son administré, et fait si bien, qu'il a la joie de sauver l'imprudent délinquant et d'éviter un crime.

Comme en toute ville occupée par eux, les Allemands exigèrent que quelques citoyens soient toujours sous leur main, pour, en qualité d'otages, répondre sur leur vie des faits hostiles ou jugés tels que la population pourrait exercer contre les envahisseurs. Pour Albert le nombre des otages fut fixé à quatre. M. Leturcq fit appel tout d'abord, pour remplir ce rôle dangereux, au dévoûment de M. Dumeige-Denis, conseiller municipal et négociant en vins, de M. Vasseur, retraité du chemin de fer, de M. Malaquin, serrurier, et de M. Jasmin, marchand de charbons.

Les otages étaient tenus à rester, quatre par quatre, présents pendant 48 heures au corps de garde établi à l'Hôtel de Ville. A la demande de M. Leturcq, on ne leur imposa bientôt plus qu'une faction de 24 heures et même, la liste des otages s'étant enrichie de noms nouveaux, le tour de faction se fit plus rare pour chacun d'eux. Des lits avaient été dressés dans la salle du premier étage, c'est là que jour et nuit vinrent s'ennuyer à tour de rôle la plupart des citoyens alors présents en ville.

Les journaux de Paris ont souvent erré d'étrange façon en contant des épisodes de guerre dont la Picardie fut le théâtre. L'un d'eux, celui qui dit tout, n'a-t-il pas décrit le passage dans les rues d'Amiens du Kronprinz en personne ! Aussi est-ce avec les plus strictes réserves que nous ferons nôtres, à l'occasion, les récits de nos grands quotidiens.

Voici cependant deux anecdotes contées par M. Maréchal dans *La Guerre sociale*. Si tous les détails n'en sont pas absolument authentiques, du moins le récit qui est des mieux présentés est vrai quant au fond. « S'adressant à M. Leturcq, le capitaine Zirgow demanda un jour : Aimez-vous la chasse ? — Beaucoup, répondit le maire. Eh bien ! nous allons chasser, déclara l'officier. »

Il fit choix d'un excellent fusil parmi ceux que, sur ses ordres, la population civile avait dû remettre à la mairie et, depuis lors, chaque matin, le capitaine partait à la chasse, suivi d'un soldat qui portait un revolver et de M. Leturcq qui, lui, ne portait rien du tout mais servait d'otage.

Le Boche tirait d'ailleurs comme une mazette et cela ne manqua pas de réjouir son compagnon involontaire qui se trouvait, on le devine, fort ennuyé de la corvée.

Dans l'armée allemande, il n'y a pas que les officiers qui aient de charmantes idées ; les simples soldats en ont aussi, et de magnifiques, comme vous l'allez voir :

Un soir, une centaine de fantassins vinrent s'assembler sous la fenêtre d'une chambre où logeait un capitaine et, jusqu'à l'aurore, sans se lasser ni prendre même le temps de souffler, ils chantèrent. Heureusement qu'à cette époque les nuits étaient encore relativement courtes ! Le propriétaire de la maison, fort intrigué par ces chants nocturnes, s'enquit le lendemain auprès de l'officier de la raison de cette sérénade prolongée.

— Ce sont des soldats, lui répondit-il, qui ont voulu, de cette aimable façon, souhaiter sa fête à leur capitaine. Croyez-vous qu'ils sont gentils, nos soldats ? Mais ce n'est pas tout, voyez donc dans la salle à manger.

Sur la table, des fleurs étaient disposées autour d'une immense galette marquée — suprême attention ! — aux initiales du capitaine.

— Hein, reprit l'officier, ce ne sont pas vos soldats qui penseraient à offrir à leur capitaine, pour sa fête, des fleurs et une galette !

Il n'oubliait de dire qu'une chose : c'est que les fleurs avaient été volées dans les jardins d'alentour et que la galette avait été réquisitionnée chez un pâtissier, qui attendra longtemps le prix de son gâteau !

L'arrondissement de Péronne, dont fait partie la ville d'Albert, resta quelque temps sans sous-préfet, au début de la guerre. Le dernier titulaire de la charge était sans aucun doute un homme doué d'une prudence très grande : dès que le son du canon lui parut se rapprocher de sa sous-préfecture, il jugea que la situation devenait inquiétante. Il fit alors ses malles et partit prestement pour des lieux plus paisibles dont l'histoire n'a pas gardé le nom.

Peut-être, comme le personnage que célébra Chantrieux, le sous-préfet avait-il résolu de se mettre à l'écart pour... *compter les coups* qu'allaient porter nos héros, ceux *qu'on décore... et qu'on enterre* (1).

Mais ceci est du domaine de la supposition, tenons-nous en aux faits avérés. Bientôt un décret annonçait la mise à pied du très prudent sous-préfet et, le 31 août, paraissait à l'*Officiel* la nomination de M. P. Sauret, à la sous-préfecture de Péronne.

Le nouveau fonctionnaire quittait dès le 2 septembre, le poste tranquille de sous-chef de bureau, qu'il occupait au ministère de l'Intérieur. Après deux jours d'un voyage riche en incidents, il parvenait à Abbeville, auprès de son chef hiérarchique, le Préfet de la Somme, établi là depuis peu.

Laissons à l'avenir le soin de nous révéler les qualités sans doute très grandes, qui désignèrent M. P. Sauret au choix du gouvernement, pour le poste peu aisé de sous-préfet de Péronne, mais disons dès maintenant que, dès son arrivée en Picardie, le nouveau fonctionnaire prouva qu'il était brave et que pour lui « l'union sacrée » n'était pas un mythe ; la fin de notre récit en fournira plusieurs preuves convaincantes.

Au moment de l'invasion allemande, la ville d'Albert n'a pu voir encore le nouveau sous-préfet, mais sa nomination est connue ; on sait que le 5 septembre, il vint à Corbie, en compagnie du Docteur Dubois, et qu'il en repartit le lendemain, un instant seulement avant l'arrivée ou mieux avant le retour des Allemands ; on voit que les expéditions hasardeuses ne l'effrayaient guère.

Ces courses, comme bien on pense, avaient pour objet le soin des évacués à qui le sous-préfet distribua tout d'abord 3 000 francs obtenus de M. le Préfet à titre de premiers secours.

Le 10 septembre, M. Sauret était à Abbeville, quand M. Pirot, commissaire de police d'Albert, vint annoncer à l'autorité préfectorale que l'ennemi semblait quitter la ville où l'on ne voyait plus que des passages de cavalerie. En compagnie du Commissaire, le nouveau sous-préfet part aussitôt, dans une très modeste automobile, et s'arrête à Doullens, où il fait connaître la bienheureuse dépêche, annonçant la victoire de la Marne. Les Allemands survenant alors inopinément à Doullens, les deux voyageurs connurent un instant de crainte : on ne colporte pas impunément des bulletins

---

(1) *Ballade de l'embusqué.* Poème de la grande guerre, par Gaston CHANTRIEUX.

de victoires françaises dans les lignes ennemies ; puis le sous-préfet
porte autre chose encore de non moins compromettant, ce sont des
ordres de mobilisation qu'il se hâte de dissimuler sous ses habits.
Malgré l'imminence du danger, MM. Sauret et Pirot vont de
l'avant. Se jetant en des chemins de traverse et faisant cent détours,
suivant les indications qu'ils recueillent en route, ils finissent par
atteindre Albert après cinq heures d'un voyage dépourvu d'agré-
ments. Si le sous-préfet garda dans la ville un incognito à peu près
complet, vu la présence de l'ennemi, il n'en fit pas moins connaître
l'heureuse nouvelle si bien faite pour relever les courages.

Au soir d'une belle journée de soleil, M. Sauret fit, en compagnie
du Maire et de Mlle Leturcq, la visite de la Basilique, il monta
même au sommet du clocher et put ainsi embrasser d'un seul coup
d'œil l'ensemble de son malheureux arrondissement encore envahi.
Mais c'est de plus près qu'il faut voir ses administrés et leur parler.
M. Sauret sait ce qu'il risque, mais il n'en entreprend pas moins
toute une série de voyages.

Après une apparition à Abbeville, il est de retour à Albert le
dimanche 13 septembre, et est présenté aux notables de la ville ;
très obligeamment il remet quelques lettres dont il s'est chargé ;
c'est ainsi notamment que le vénérable M. Boulenger-Daussy
obtient des nouvelles vainement attendues, jusque-là, de ses enfants
et petits-enfants restés de l'autre côté des lignes allemandes.

Apercevant, sur le perron de la Basilique, les prêtres qui sortent
de la traditionnelle procession dite des agneaux, le sous-préfet,
escorté de M. le Maire, traverse la place et vient serrer la main aux
membres du clergé qu'il félicite pour n'avoir pas déserté leur poste
et donné ainsi un bon exemple à tous.

Dès le lendemain matin, rayonnant autour d'Albert, en bicyclette
le plus souvent, quelquefois à pied ou en voiture, il porte les convocations aux maires, annonce la grande victoire de la Marne et s'en-
quiert des besoins locaux. Le 14 septembre, il est à Combles où il
couche. Le 15, il part en une modeste carriole et, en compagnie du
commissaire de police, M. Pirot, et de l'agent-voyer M. Ravaux,
il risque le voyage de Péronne. Hélas ! la ville est encore sous la
griffe allemande et le sous-préfet doit s'esquiver après un simple
regard sur les ruines de sa sous-préfecture que l'ennemi a incendiée.

Le lendemain il est à Cléry où il voit les Allemands réquisitionner
des chevaux. Ce même jour au soir, le sous-préfet rentrait à Albert ;
il allait voir défiler les derniers dragons allemands, il allait entendre

le franc langage des mitrailleuses françaises, et voir flotter enfin notre drapeau sur la cité picarde. Hélas ! il assistera aussi à l'agonie de la ville ; mais n'anticipons pas.

Peu de sous-préfets sans doute pourront inscrire dans leurs mémoires d'aussi palpitantes péripéties relativement à la prise de possession de leur poste. Nous avons tenu à noter ici les quelques détails que nous avons pu recueillir touchant l'arrivée de M. P. Sauret ; si incomplète que soit notre relation elle suffit, pensons-nous, à montrer que le nouveau sous-préfet de Péronne est un vaillant homme. Comme d'autre part il ne donna nulle entorse à « l'union sacrée », tant s'en faut, nous pouvons croire qu'en M. Sauret, l'administration a trouvé un homme d'esprit, nous dirons même un homme de cœur, si nous considérons les paroles réconfortantes et cordiales qu'il sut faire entendre au cours de ses voyages dans l'arrondissement, et les relations amicales qu'il lia avec l'élite de ses administrés.

L'arrivée du nouveau sous-préfet fut un événement pour les emmurés qu'étaient les habitants d'Albert ; ses faits et gestes, les nouvelles qu'il apportait surtout, alimentèrent la chronique publique dans la petite ville, et chacun pensa dès lors avec joie, que décidément il y avait quelque chose de changé en France.

CHAPITRE VI.

L'ennemi en déroute.

La marche triomphale des armées allemandes ne devait pas durer toujours : les rives de la Marne avaient marqué le point extrême de leur embardée sur Paris. Là, en effet, l'offensive de l'envahisseur était arrêtée, le 7 septembre, et une action générale s'engageait sur la ligne Nanteuil-le-Hauduin, Meaux, Sézanne, Vitry-le-François, Verdun.

Dès le mardi 8, notre aile gauche repoussait l'aile droite allemande qui, le lendemain, reculait de quarante kilomètres, en laissant deux drapeaux entre nos mains.

Les jours suivants, nos vaillantes troupes continuent la poursuite de l'ennemi avec une ardeur merveilleuse. Le 10, nous gagnons encore vingt kilomètres, le 11 et le 12, la ligne de front recule encore jusqu'auprès de Soissons, et l'ennemi abandonne, avec deux nouveaux drapeaux, un riche butin dont cent soixante canons.

Le 13 septembre, nos troupes réoccupaient Amiens que l'ennemi tenait depuis le 31 août.

Comme bien on pense, de tels événements avaient leur contre-coup au loin des lignes de bataille, dans les régions envahies. C'est ainsi qu'à Albert, quoique privés de communications avec le reste du monde, les habitants ne tardèrent pas à savoir que la fortune avait enfin souri à nos armes.

Avant même que la nouvelle officielle en soit apportée par le nouveau sous-préfet, on avait pu juger, à certains signes, qu'il y avait du nouveau dans le sens si ardemment souhaité. Bientôt même, la mine attristée et l'état plus particulièrement nerveux des Allemands indiquèrent clairement que leurs affaires ne marchaient plus du tout au gré de leurs désirs.

Le samedi 5 septembre et le dimanche 6, des voitures réquisitionnées en ville et dans les villages voisins, passent et repassent ; elles transportent vers Péronne une énorme quantité d'obus que des autos allemandes avaient précédemment déposées en grand mystère route d'Amiens, près des bosquets.

Les albertins n'ont rien à faire qu'à surveiller les moindres incidents, aussi, dans la soirée de ce triste dimanche, regardent-ils longuement passer dans l'azur un aéroplane filant sur Doullens. Tous les cœurs vibrent à sa vue : c'est la France qui passe !

Le mardi 8 septembre, après les cérémonies du pèlerinage, faites bien simplement, hélas ! pour l'ouverture de la neuvaine annuelle, voici venir une quinzaine de cyclistes allemands qui annoncent l'arrivée d'un état-major et de quinze cents hommes. Le soir, en effet, on voit défiler la colonne que suit un long convoi de voitures. L'état-major s'installe chez M. O. Lefebvre, rue d'Amiens et les hommes logent au Cinéma et dans les écoles.

Dès le lendemain matin, ces troupes reprennent leur marche en avant, bientôt suivies sur la même route, à la grande surprise des habitants d'Albert, par le corps d'occupation lui-même. La ville allait-elle se trouver libre ? Non, l'heure de la libération n'avait pas encore sonné, mais elle approchait. Vers onze heures du matin, d'autres occupants arrivent : ils sont douze cents, fantassins ou cavaliers.

Mais on va de surprise en surprise, le jeudi 10 septembre, tous les soldats allemands quittent Albert et, apparemment, la ville n'est plus occupée. L'ennemi a même pris soin d'enlever ses blessés et malades que l'on a vus passer en deux voitures réquisitionnées et que suivait une ambulance automobile allemande.

On s'est inquiété même d'un incident survenu à l'Hospice, où un officier allemand voulait absolument enlever six blessés français alors qu'il n'en trouvait que cinq. M. Leturcq requis à ce sujet, ne peut expliquer ce qu'était devenu le sixième blessé, et après une chaude discussion l'officier partit en emmenant sur Cambrai les cinq malheureux prisonniers.

Pendant que l'officier allemand tempêtait dans les salles de l'Hospice, son chauffeur franchissant à pied la faible distance, entrait au cimetière et s'arrêtait un instant sur la tombe de l'un de ses enfants. Cet automobiliste teuton nommé Omès, avait vécu à Albert, où il avait été employé chez M. Pifre. Voilà bien une preuve entre tant d'autres de l'esprit précautionneux de nos ennemis : leurs conducteurs étaient venus longtemps à l'avance étudier les routes sur place !

Devant l'Hôpital du pensionnat de Mlle Cordier, une autre scène

se déroula qui faillit tourner au tragique Un officier passant par là
avise Mlle Jeanne Verdez, et lui intime l'ordre d'enlever de suite les
deux drapeaux blancs à croix rouge qui surmontent les deux entrées
de la maison. La jeune fille exécute l'ordre pour le portail de la rue
Jeanne d'Harcourt, mais ne touche pas au fanion qui orne l'autre
entrée. L'officier revient bientôt, blême de colère, et comme
Mlle Verdez déclare ne pas pouvoir exécuter l'ordre qu'il lui a intimé,
c'est M. Verdez père que l'Allemand force à grimper à l'échelle.

Sœur Madeleine passait à ce moment ; l'officier lui ordonne d'aller
de suite, elle aussi, enlever les fanions de la Croix-Rouge qui flottent
sur l'Hospice principal. « Je n'en ferai rien ! » répond la religieuse.
Nouvel accès de colère de l'officier allemand qui a des menaces
plein la bouche. — Bon, bon, dit sœur Madeleine, je serai victime
du devoir, s'il le faut, mais je n'enlèverai pas les drapeaux ! »
L'officier partit, il était temps pour lui, il allait devenir enragé !

Ainsi, au 10 septembre, les hordes allemandes renvoyaient déjà
les blessés à l'arrière, mais continuaient à marcher encore de l'avant.
C'était bien vers le sud, vers Paris, que partaient encore ces épais
bataillons, alors que déjà, sur la Marne et sur l'Ourcq, la débâcle
allemande s'était nettement dessinée.

Sans doute, avec leur bonne foi coutumière, les « communiqués »
allemands avaient-ils noté comme une glorieuse victoire le grand
tête-à-tête avec l'armée française ; les troupes de l'arrière confiantes
en ce succès imaginaire, se ruaient encore pour aller quérir à Paris,
elles aussi, un peu de gloire et... beaucoup de butin.

Mais la vérité va se faire jour. Déjà, dès ce 10 septembre certaines
oreilles ont cru entendre le son lointain du canon. Dans leur hâte à
jouir de leur liberté relative, maintenant qu'ils n'ont plus de geôliers,
quelques albertins enfourchent leur bicyclette et donnent un coup
de pédale jusqu'à Guillemont, jusqu'à Genchy, jusqu'à Sailly-Saillisel.
Ils constatent que tout est calme dans ces régions, mais que des
patrouilles allemandes circulent un peu partout.

Quelques-uns de ces voyageurs rentraient à Albert, par la route
de Bapaume, lorsqu'à la hauteur de la ferme Ternaux, ils se trouvèrent nez à nez avec un parti de hussards de la mort. Cette rencontre dépourvue de charmes s'aggravait du fait que nos amis
rapportaient de leur expédition, en guise de souvenirs, des casques
prussiens et diverses autres dépouilles à peine dissimulées. Il ne
fallait pas songer à fuir et les hussards étaient trop près pour que
l'on pût se débarrasser des objets compromettants. Nos cyclistes

firent bonne contenance, ils se rangèrent en file indienne sur le côté de la route, et ralentirent leur allure en passant à côté des reîtres qui se contentèrent de les dévisager. Pas un mot ne fut dit.

Si l'on voyage un peu sur les routes du nord et de l'est, personne ne juge prudent de s'aventurer vers le sud ; on évite surtout la route d'Amiens que l'on aimerait tant à parcourir pour aller voir ce qui se passe en la vieille capitale picarde.

Le 11, le calme est complet en ville où passe une simple patrouille de douze uhlans. Le 12, ce sont des lanciers qui en passant demandent le chemin de Courcelette. Le dimanche 13, cent cinquante cavaliers allemands stoppent à Albert, le temps de casser la croûte et de boire un coup ; ils vont à Bray, pour reprendre vingt-huit chevaux qu'ils ont précédemment laissés chez des fermiers. On apprendra bientôt que, malgré leurs recherches et en dépit de leurs cris et de leurs menaces, ces cavaliers n'ont pu retrouver que trois mauvais bidets dont ils durent se contenter. Pour les chevaux de Bray, comme pour l'introuvable blessé de l'hospice d'Albert, on peut aisément percer le mystère ; il suffit de se rappeler l'histoire connue du châtelain qui envoya, dit-on, son domestique porter un billet aimable avec trois lapins, à l'un de ses amis. Comme ce maître avait oublié de songer à la réfection nécessaire au cours de la longue course, pour l'homme chargé de la commission, le valet se fit accommoder l'un des lapins à l'auberge du coin, et n'en présenta dès lors que deux à l'ami de son maître. On sait l'air niais que prit le valet pour répondre à l'interrogatoire du destinataire déçu. « Ton maître m'annonce trois lapins ! — Oui, Monsieur, trois lapins ! — Mais tu ne m'en apportes que deux ! — Oui, Monsieur, deux lapins ! C'est bien là le résumé des palabres tardives autant qu'infructueuses des Allemands joués et bernés par ceux qu'ils opprimaient.

Ce même dimanche 13 septembre, une patrouille de vingt lanciers parcourt encore les rues d'Albert, leur air inquisiteur et soupçonneux donne fort à penser. On remarque que ces lanciers se replient sur Péronne, et l'on apprend que les routes menant à cette ville sont encombrées de troupes remontant du sud : enfin, c'est donc du côté du nord que s'oriente maintenant la marche de l'ennemi !

Le lundi matin 14 septembre, ce même mouvement de recul se dessine à Albert, où l'on voit des forces importantes de cavalerie remonter vers Bapaume. Les officiers allemands ont fait savoir que les routes de Bouzincourt, de Millencourt et surtout d'Amiens, étaient interdites aux civils. Bientôt la consigne devient plus sévère et, par ordre de l'ennemi, le maire fait annoncer par le garde Ghesquière, qu'il est interdit de circuler, même en ville, et qu'il faut fermer les magasins. Messieurs les Allemands n'aiment pas qu'on applaudisse à leur déroute !

Quelques uhlans traversent encore la ville ; ils se retirent à mi-chemin entre Albert et Bécordel, dans la ferme de Bellevue. Le soir, vers 6 h. 1/2, pendant qu'aux pieds de la Madone des prières ferventes et déjà joyeuses s'élevaient suppliantes, le bruit de la mitraille retentit. C'était la voix de nos auto-mitrailleuses donnant la chasse aux uhlans qui festoyaient à la ferme de Bellevue. Les noceurs teutons n'en demandèrent pas davantage et se replièrent lestement sur Bray, où d'autres troupes allemandes vinrent les rejoindre dans la matinée du 15.

Ce mardi 15, Albert eut la joie si vivement désirée de revoir l'uniforme français ; vers 9 heures du matin, deux voitures automobiles traversent la place, ce sont des zouaves et des dragons qui viennent en éclaireurs. Ils sont passés à Méaulte et retournent sur Amiens. Notre armée s'occupe donc de purger la région ; aussi quelle allégresse parmi toute la population d'Albert. On se précipite à l'Hôtel de Ville pour remettre en hâte le drapeau français : déjà le drapeau allemand avait disparu depuis quelques jours. M. le Maire estime toutefois que le moment n'est pas encore venu et déclare qu'il faut surseoir. Il met aussi les albertins en garde contre leur bon cœur et les prie de ne plus distribuer force boissons aux soldats qui défilent ou défileront en ville ; ces braves ayant besoin de tout leur sang-froid tant leur tâche est rude.

Vers les 4 heures du soir passe un peloton de cuirassiers cyclistes. « Nous allons les chercher ! crie le chef du détachement. — Mais ils sont vingt, réplique quelqu'un : — Très bien, nous sommes quatre, c'est juste le compte ! dit le jeune sous-officier en s'élançant joyeux sur la route poudreuse. — Ces braves éclaireurs rapportèrent à leurs chefs des indications précises qui permirent d'organiser la journée du lendemain.

Pendant la nuit du 15 au 16, des allemands passent encore qui disparaissent prestement vers l'est ou le nord.

Enfin, voici venir le jour de la délivrance : le mercredi 16 septembre, vers les 9 heures du matin, arrivent pleins d'entrain, les libérateurs. Ce sont des cyclistes, détachés du 9ᵉ cuirassiers et du 7ᵉ chasseurs à cheval, que commande un lieutenant de cuirassiers et qu'accompagnent deux auto-mitrailleuses.

Tout Albert est debout pour les acclamer pendant qu'ils s'arrêtent devant l'Hôtel de Ville. En un clin d'œil le drapeau français reprend la place d'honneur qu'il n'eut jamais quittée sans la surprise que fut pour nous l'attaque brusquée.

Ce même jour cependant, on vit encore passer deux uhlans, puis des auto-mitrailleuses françaises en patrouille dans la région. Enfin survint, dans la soirée, un parti de vingt-et-un uhlans que poursuivaient nos cuirassiers. Pour terminer cette mémorable journée, Albert revit neuf allemands, mais c'étaient des prisonniers que nos cuirassiers ramenaient des environs de La Boisselle.

Nos braves soldats furent heureux de se reposer dans la ville reprise à l'ennemi.

Ainsi prit fin, ce mercredi 16 septembre, l'occupation allemande d'Albert ; elle avait duré dix-huit jours.

Sur les pas de nos soldats, on vit revenir en leurs foyers un grand nombre des habitants fugitifs ; beaucoup d'entre eux regrettèrent d'être partis quand ils virent ce qu'était devenue leur propriété.

Avec cette tendance naturelle qui porte les humains à prendre leurs désirs pour des réalités, les albertins crurent que leur ville en serait quitte pour cette épreuve, trop longue et trop pénible déjà, et tout le monde se reprit à espérer.

CHAPITRE VII.

La Pluie d'Obus.

Depuis l'heureuse journée du 16 septembre, bien des faits importants s'étaient produits, dans le voisinage immédiat d'Albert, en conséquence de la lutte acharnée que l'aile gauche française livrait, sur les bords de l'Aisne surtout, à l'aile droite allemande.

C'est ainsi que, le 24 septembre, Péronne était repris à nouveau par nos troupes qui durent d'ailleurs abandonner encore leur conquête. L'ennemi mesurant son effort à l'importance qu'offrait pour lui la voie ferrée de Péronne-Cambrai et la Belgique, aucun sacrifice ne lui sembla trop lourd pour conserver Péronne et la région.

Le front de la lutte allait d'autre part s'étendant de plus en plus vers le nord; c'est que l'ennemi s'efforçait d'allonger la ligne des tranchées protectrices de son aile droite, à mesure que l'aile gauche française remontait, avec l'intention d'effectuer un mouvement enveloppant, semblable à celui qui nous avait donné la victoire sur la Marne. Ainsi se dessina en quelques jours la ligne sinueuse de front, qui, passant à Roye, Andechy, Parvillers, Fouquescourt, Chaulnes, Ablaincourt, Soyécourt, Cappy, Bray, Carnoy, Fricourt, se continuait jusqu'à Arras d'abord, puis bientôt jusqu'aux rives belges de la mer du Nord, par Laboisselle, Thiepval, Grandcourt, Hébuterne, Bucquoy, Courcelles-le-Comte, Ficheux, Beaurains, Arras, etc., etc.

Toutefois, la préoccupation de prolonger sa ligne de défense, au fur et à mesure que nos soldats remontaient vers le nord, ne fut pas la seule que montra l'ennemi. Dès le 26 septembre on vit qu'un nouvel objectif le tentait : faire une trouée pour enfoncer un coin d'Albert vers Amiens, et séparer ainsi les forces françaises en deux tronçons. Dans ce but l'ennemi massa une formidable artillerie en face d'Albert, où nous n'avions guère que de l'infanterie. Une pluie infernale de mitraille s'abattit bientôt sur nos troupes massées à l'est de la ville.

Le samedi 26 septembre, un avion ennemi avait survolé Albert et nos mitrailleuses n'avaient pu l'atteindre. Vers deux heures et demie de nombreux blessés arrivaient d'Hardecourt et de Maricourt ; il en vint encore de Fricourt, vers quatre heures et demie. Le personnel volontaire des hôpitaux d'Albert se réorganise en toute hâte et se remet à l'œuvre, comme le mois précédent. Bientôt M. le Maire est informé qu'un convoi d'environ douze cents blessés, venant de Bray, est en route pour Albert. Aussitôt l'on songe à rétablir dans leur entier les formations sanitaires du mois d'août. L'Ecole Supérieure surtout est transformée à nouveau en hôpital, et sœur Marie revient pour en prendre la direction. Mais le grand convoi annoncé n'arriva pas : au dernier moment il avait été dirigé directement sur Amiens. Durant la soirée et toute la nuit, d'instant en instant arrivent cependant des voitures chargées de blessés que l'on amène de Flers, de Bazentin, de Martinpuich, etc. Le pensionnat de la Sainte-Famille, rue d'Amiens, se remplit à nouveau ainsi que le pensionnat de Mlle Cordier, place Faidherbe. Les moins blessés des arrivants sont installés à l'école maternelle de la rue de Boulay, où, faute de lits, on les couche sur la paille. Le docteur Verrier, qui est rentré en ville depuis quelque temps, prodigue ses soins dans ces différentes maisons.

Le samedi 26, vers les onze heures du soir, on amène à l'Hôpital de la Sainte-Famille, un petit soldat qui a la jambe emportée, c'est un jeune homme de Fenain (Nord), nommé Poulain. M. Leturcq cherche une civière et n'en trouve pas ; c'est sur une petite échelle qu'on transporte le blessé. M. Sauret prête la main pour le transfert, son uniforme de sous-préfet est tâché du sang du soldat, il l'étrennait ce jour même.

La journée du dimanche 27 commence dans un calme relatif. Vers midi l'un des blessés meurt, à l'Hôpital de la rue d'Amiens, c'est la seule victime que l'on comptera, cette fois, dans les hôpitaux temporaires d'Albert. Bientôt d'ailleurs, de nombreuses voitures automobiles d'ambulance viennent prendre les blessés pour les conduire à Amiens ; c'est la Croix-Rouge de Lille et Tourcoing qui est accourue par Arras ; on admire grandement le magnifique matériel et la riche pharmacie de ces secourables visiteurs. Le soir, les albertins voient non sans inquiétude nos troupes et l'état-major se retirer sur Doullens, fait qui ne paraît pas rassurant sur la situation de nos armes aux environs.

Le lundi 28, dès le matin, nos batteries de 75 sont mises en position au nord et à l'ouest de la ville, notamment à la ferme de Bellevue et chez M. Duchâteau. La canonnade commence bientôt et devient si intense que les habitants du faubourg d'Aveluy se sauvent, au début de l'après-midi, dans la direction d'Amiens. C'est que, un instant au moins, les Allemands ont pu venir jusqu'à Aveluy et il fallut toute l'ardeur de nos soldats pour arriver à les en déloger.

Bientôt les canons allemands semblent ou se rapprocher, ou allonger leur tir ; Bécourt est déjà frappé et des éclats de bombes parviennent jusqu'auprès de l'Hospice et du cimetière.

Vers 5 h. 1/2, un convoi de blessés traverse Albert venant du nord et du nord-est.

Tout au soir, vers 9 heures, Fricourt est en feu. M. Sauret, le sous-préfet, qui est accouru d'Albert, assiste à une attaque. Il s'ingénie à sauver les femmes, les enfants et les blessés et rentre enfin en ville, en ramenant dans sa voiture un lieutenant dont l'épaule est en sang.

A Albert, les magasins sont fermés, l'inquiétude est générale et, en de nombreuses familles, on s'occupe à préparer un départ dont on aperçoit la nécessité comme prochaine.

Sans doute, au cours du long duel d'artillerie qui vient d'avoir lieu, l'ennemi n'a pu réaliser son plan, mais s'ils n'ont pu percer nos lignes, les Allemands ont pu s'accrocher aux légères hauteurs qui de Fricourt, Ovillers et Thiepval, dominent la ville, à une distance de sept à dix kilomètres seulement ; hélas ! ils devaient rester là de longs mois !

Albert était trop près de l'ennemi pour n'avoir pas à souffrir du voisinage. L'avion du 26 a pu constater en ville la présence de troupes nombreuses et d'un état-major qui ne se replièrent sur Doullens, avons-nous dit, que le lendemain, d'ailleurs, n'est-ce pas une habitude pour les allemands de se venger sur des villes sans défense des échecs qui viennent humilier leur orgueil ; Arras et Reims pourraient en témoigner non moins qu'Albert ; le bombarde ment devait venir, il vint.

Nous sommes au mardi 29 septembre. Après-midi, vers trois heures, un oiseau de mauvais augure survole encore la ville. Ah ! qu'il est donc loin ce 15 août 1910, jour où, pour la première fois, les grands oiseaux passaient sur Albert, étendant toutes grandes leurs blanches ailes prometteuses de victoires ! C'étaient alors Aubrun, Leblanc et Legagneux qui planaient au-dessus de la Basilique, aujourd'hui c'est un noir aviatik qui vient jeter un dernier coup d'œil sur la proie que l'Allemagne s'est choisie.

Vers quatre heures un quart, un premier obus tombe rue de Bapaume et un autre suit qui vient s'écraser sur la place d'Armes : le bombardement est commencé. Dès lors, c'est une pluie ininterrompue de projectiles de tous calibres qui arrivent par grappes de deux, trois, quatre à la fois. Il y avait de tout dans ce déluge, depuis le vulgaire engin ordinaire, jusqu'à ces énormes masses d'acier que nos soldats, en leur pittoresque langage, ont dénommés des marmites. Les percutants et les fusants alternent avec les bombes incendiaires, qui tombent tout d'abord rue Gambetta, avant d'allumer de nombreux incendies de par la ville. A cinq heures, un obus tombe dans la grande sacristie de la Basilique, bientôt un autre tombe sur la maison du bedeau et un troisième atteint le clocher.

C'est un spectacle épouvantable et des scènes terribles se produisent en maints endroits.

Toute première, croit-on, Mˡˡᵉ Poidebard, directrice de la maison Jeanne d'Arc, est blessée gravement à la tête. Le premier sang répandu est donc celui d'une vertueuse femme qui a voué sa vie aux bonnes œuvres ; la gloire des Allemands n'en sera pas rehaussée !

L'une des premières bombes vient s'abattre et éclater rue Mazagran devant l'immeuble où Mᵐᵉ Caron-Michel tient son magasin de modes. Descendue d'abord à la cave avec son vieux père, ses deux fils et quelques voisins et voisines, la pauvre femme venait de remonter pour chercher des chaises, quand le projectile l'étendit raide morte. Un moment après, ne la voyant pas revenir, le grand-père monta à son tour et subit le même sort ; son corps inanimé roula près du cadavre de sa fille, au milieu du petit magasin. Enfin l'aîné des enfants âgé de quatorze ans environ remonta, lui aussi, au rez-de-chaussée, pour voir ce que faisaient son grand-père et sa mère. Dès qu'il fut parvenu près des deux victimes, il s'empressa de relever sa mère qu'il supposait simplement blessée. Comme nulle parole ne répond à ses questions anxieuses, il repose le cadavre et court tout affolé à l'église, puis à la mairie, dans la pensée de ramener du secours, un prêtre, un médecin, au moins M. Leturcq. Le pauvre enfant ne trouve personne. Fou de douleur, il court alors sans savoir où, sous la pluie infernale des obus. Il va criant et pleurant, jusqu'à ce que, au dehors de la ville, une voiture militaire le recueille et le conduise à Dernancourt, où habitait sa grand'mère. « Tu es blessé, lui crie l'aïeule en le voyant tout taché de sang, — Non, répond l'enfant, c'est le sang de ma mère ! ils l'ont tuée ! !

Le cadavre du père Michel, le vieux sonneur de la paroisse, et celui de sa fille Mme Caron-Michel, restèrent une dizaine de jours à l'endroit où l'obus allemand les avait terrassés. Ce n'est qu'après ce temps, que des voisins purent approcher pour les enterrer, encore fallut-il agir vite et, faute de mieux, les deux corps réunis furent étendus simplement entre deux volets du magasin, et mis ainsi en terre, dans le petit jardinet attenant à la maison.

Les autres personnes abritées dans la même cave avaient pu s'enfuir, mais au cours de cette périlleuse fugue, le plus jeune des fils Caron âgé de onze ans, fut blessé à la jambe par un éclat d'obus.

L'un des directeurs de l'usine Rochet, M. Léman, se réfugie avec sa famille et des voisins dans un vaste souterrain, antique vestige des fortifications d'antan. Par malheur, une bombe a raison de la voûte qui cependant a défié tant de siècles, elle s'effondre avec un bruit sinistre. Les réfugiés en sont quittes pour la peur et parviennent à se sauver hors de la ville, sous la mitraille même.

Rue de Nemours, chez M. Monchy, négociant en bois, une scène bien tragique aussi se déroule. Au moment où, tenant son jeune enfant dans ses bras, M. Monchy se précipite vers l'entrée de la cave, qui déjà abrite les siens et les gens du voisinage, un obus éclate, renversant le pilastre de l'entrée de la scierie et venant par ricochet exploser devant la porte même de la cave.

M. Leturcq, M. Picard, son adjoint, et leurs familles ont cherché eux aussi un abri dans une cave, mais trois obus éclatent juste au-dessus d'eux, menaçant à tout le moins de les emmurer. Tous réussissent cependant à se dégager et, courant sous l'averse de fer et de feu, ils vont chercher un refuge plus sûr dans les caves du pensionnat de la Sainte-Famille, déjà envahies par un groupe compact de gens apeurés.

M. le Doyen a trouvé un refuge à toute épreuve dans les caves de la Basilique, il n'en sortira que pour courir à l'Abri Notre-Dame où des femmes et des vieillards ne savent que devenir ; pour plus de sûreté il mènera bientôt tout le monde à Dernancourt.

M. Malaise, huissier, a de bonnes caves, aussi donne-t-il asile à M. Letesse, juge de paix, à M. Pirot, commissaire de police, qui avec leurs familles forment un groupe de plus de vingt personnes. Prévoyant que l'unique entrée pouvait être obstruée d'une minute à l'autre, les reclus commencèrent sans retard à percer l'une des murailles de leur retraite, afin de pouvoir communiquer ainsi avec l'extérieur en cas de besoin.

La précaution était sage : leur travail était à peine ébauché, qu'une bombe venait éclater devant le soupirail, remplissant la cave entière d'une fumée épaisse, de gaz délétères et de gravats de toutes sortes. Heureusement quelques coups de pioche prestement assénés eurent raison de la muraille, et par l'ouverture ainsi pratiquée, s'établit un courant d'air qui sauva tout le monde de l'asphyxie.

Dans les caves de la boucherie Boulanger, rue de Bapaume, en l'absence du chef de la famille, qui est mobilisé, sont Mme Boulanger, son fils, sa fillette et sa belle-mère, ainsi que les familles Brahaux, Marchal, Lefebvre, coiffeur, Griffoin, Mme Lefèvre-Catelotte, Mlle Richet, en tout vingt-deux personnes. Ces malheureux restèrent là pendant trois jours manquant de tout. Mme Boulanger tenta une démarche auprès des soldats pour obtenir des vivres, elle obtint simplement un pain de munition vieux de seize jours. Le vendredi 2 octobre au matin, quittant enfin leur refuge, les reclus se dirigèrent sur le village de Ville-sur-Ancre avec, pour tout avoir et toute provision, ce que put contenir une brouette, seul véhicule qu'ils purent trouver.

Lorsque, quelques jours plus tard, Mme Boulanger et sa belle-mère revinrent chez elles, un éclat d'obus du poids de 2 kilos 400 grammes fut trouvé dans le lit même de la vieille dame qui se félicita alors d'avoir délogé pendant ces moments tragiques.

Semblable fait fut observé chez M. Baudry, sacristain, qui, lui aussi évacua sa maison à temps. Lorsqu'il rentra chez lui, beaucoup plus tard, un obus occupait le lit de sa fille, et le lit de son fils avait été projeté dans la garde-robe.

Ailleurs, dans les caves de M. Paul Arrachart, brasseur, M. Vast, fondé de pouvoirs de la Caisse d'Epargne, est sérieusement blessé. On profite du passage de M. Sergent, garagiste à la Hotoie, pour conduire en auto M. Vast, à Amiens,

Les grottes célèbres de la Villa des Rochers se sont ouvertes, on le devine, devant un flot de réfugiés. L'un des premiers qui vient s'y terrer est le vicaire-organiste, M. l'abbé Friant. Très occupé ce jour-là, le prêtre conduisait au cimetière, l'un après l'autre, les dix-huit morts qui étaient à l'Hospice. Les convois se succédaient assez irrégulièrement parce que l'on manquait de bien des choses ; on ne disposait que de sept cercueils, il fallut chercher des sacs, puis on n'avait qu'une seule voiture, il fallut utiliser un traîneau de herse champêtre, et tout cela prenait du temps.

A l'un de ses voyages, M. Friant voit tomber bombes sur bombes et il s'arrête un moment dans la cave de M. Laisne, marchand de cycles. La pluie d'obus ne faisant que croître en intensité, les deux hommes vont jusqu'aux grottes pour s'abriter, non dans le souterrain principal, mais dans une excavation plus profonde située plus loin, et qui forme comme un boyau de 15 ou 20 mètres de long sur 2 mètres de large. Bientôt d'autres réfugiés accourent, et trente habitants se trouvent ainsi réunis, à 8 ou 10 mètres sous terre.

Leur captivité souterraine ne dura pas moins de 5 jours, Mme Comte avertie de la détresse des infortunés leur fit tenir quelques vivres ; elle voulut aussi accueillir le prêtre chez elle, mais celui-ci tint à rester auprès de ses compagnons. M. Lobry, cafetier du Jeu de Paume, se montra très dévoué ; au péril de sa vie, il retourna plusieurs fois chez lui pour chercher des vivres. Un excellent belge, directeur d'un cirque nomade, se trouvait également dans le souterrain. Il s'ingénia, lui aussi, à adoucir l'épreuve commune et, ingénieux par profession sans doute, il voulut bientôt monter une cuisine et préparer une soupe chaude. Hélas ! en dépit de ses efforts et de ses soins ce ne fut qu'un brouet clair que les réfugiés purent avaler ce soir là ; aussi, tout manquait également dans ce réduit, sauf une quasi-certitude d'échapper aux bombes ; et ceci faisait oublier tout le reste.

Ainsi que le propriétaire du cirque belge, d'autres forains se sont trouvés immobilisés à Albert. Venus pour la fête traditionnelle du premier dimanche d'août — le 2 août, cette année — les pauvres gens n'ont plus trouvé de trains pour les emmener eux et leur matériel encombrant. Las bientôt d'ouvrir inutilement leurs baraques, puisque personne en ville n'a le cœur à se distraire, les forains ont plié leurs tentes, et leurs voitures sont remisées depuis bientôt deux mois sur la place du Marché-aux-Moutons. Ils ont vécu là en attendant que les routes soient libres pour aller chercher leur vie dans des régions plus calmes. Hélas, ils devront partager jusqu'au bout les malheurs de la ville et, ce 29 septembre, l'une de leurs voitures venant d'être broyée par un obus, tous ont abandonné leurs roulottes et se sont cachés en des caves hospitalières.

L'une des plus belles demeures d'Albert est la Villa des Rochers, un élégant bâtiment flanqué de deux ailes et qui a de bonnes caves aussi, chose plus précieuse encore que tout le reste en ce jour de malheur.

La propriétaire, Mme Comte est connue pour sa bonté, aussi les hôtes lui arrivent-ils un peu de partout. Bientôt il y a là cinquante-six personnes réunies, parmi lesquelles deux bébés d'un ou deux mois et trois impotents : le fils Wattebled, Mme Baudelot, l'ancienne chaisière de la basilique, et le vénérable commandant Weiss. Deux malheureux chiens sont venus aussi chercher un asile en attendant qu'un pauvre porc vienne lui encore clamer à sa manière sa détresse totale et quémander sa pitance.

Le premier soin de Mme Comte a été de faire acheter tout le pain disponible à la boulangerie Letesse située non loin de là : avec des œufs, du beurre, des confitures, il y a des vivres pour trois jours. Parmi les hôtes d'ailleurs se trouve le garçon boulanger de M. Letesse. Comme le patron a quitté pour quelques jours son fournil, il a remis le soin de sa maison à Mme Comte et à Lefebvre, son ouvrier. Dès le surlendemain, celui-ci dut se remettre au travail et avec un aide d'emprunt il fit du pain, vrai pain de guerre celui-là, mais qui laissait cependant encore loin derrière lui le fameux pain K K !

Remarquons en passant que M. Letesse rentrait bientôt chez lui après avoir mis les siens à l'abri, et que sa boulangerie ne cessa jamais, durant ces longs mois que dura pour Albert la sombre tragédie, de fournir du pain aux indéracinables qui s'obstinèrent à rester là. C'est un bel exemple de ce dévoûment professionnel que l'on ignore trop souvent alors qu'il mérite si bien la reconnaissance publique.

Les hôtes de Mme Comte n'eurent pas d'incidents malheureux : les caves étaient solides et une fée bienfaisante veillait sur eux. Seule, l'une des réfugiées fut victime de la curiosité, bien compréhensible d'ailleurs, qui la poussa à sortir de l'abri. Mais n'anticipons pas.

Rue de Bapaume, M. Léon François, tailleur, et M. Mille-Tutin, commerçant, sont avec leurs familles dans une cave solide, d'où ils voient avec terreur rougeoyer l'incendie qui fait rage aux environs. Vers dix heures du soir, les deux hommes sortent, en un moment d'accalmie, pour aller voir si leur maison respective n'est pas du nombre de celles qui brûlent. A peine sont-ils dehors qu'un obus s'annonce par un sinistre sifflement; se garrer contre une maison, c'est tout ce qu'ils ont le temps de faire. Hélas ! l'obus éclate, blessant gravement les deux amis et culbutant sur eux une partie de l'immeuble. Leurs parents et compagnons de cave viennent bientôt les dégager et les ramènent au refuge où, crachant le sang à pleine bouche, ils attendent jusqu'au jour, étendus sur des caisses, les soins dont ils auraient cependant un si pressant besoin.

Le matin, vers cinq heures, M. le Sous-Préfet, qui a passé la nuit chez M. Latreille, rue de Bécourt, entreprend, sans souci des obus qui tombent toujours, de parcourir la ville pour secourir les blessés. Aidé de M. Letesse, juge de paix, qu'il rencontre sur la place d'Armes, M. Sauret prend soin de faire transporter à l'hospice MM. François et Mille-Tutin, qui bientôt devront encore chercher un abri dans une cave et ne partiront que deux jours après pour Amiens. De longs mois de traitement finiront par les guérir, mais quelles souffrances ils auront endurées !

Des centaines d'autres scènes, non moins tragiques, eurent pour théâtre les sous-sol de la malheureuse cité, pendant qu'à la surface, les maisons s'effondraient les unes après les autres.

Déjà la place d'Armes, entre la mairie et la basilique, a son pourtour en miettes et la rue Gambetta n'est pas en plus brillant état. Au milieu des maisons écroulées d'autres sont en flammes, car l'ennemi ne ménage pas ses bombes incendiaires ; c'est ainsi notamment que l'Hôtel de Ville brûle complètement.

Vers quatre heures et demie, rue d'Amiens, la grande usine Rochet s'effondre en brûlant ; sous un inextricable fouillis de fer-railles, débris des toitures, on aperçoit encore des rangées de cycles et de machines à coudre, c'est le travail achevé qui allait être livré quand survint la guerre. Les maisons d'alentour ne sont pas mieux traitées, non plus que celles de la rue des Illieux où brûle notamment la maison de M. Picard, celle de Mme veuve Caussin, celle de Mlle Godin, sœur du vénéré bâtisseur de la Basilique, comme brûlent aussi les importants bâtiments de la Coopérative socialiste.

Sur le soir, des fugitifs arrivent à Heilly en piteux équipage : ce sont les réfugiés des caves de l'Usine Rochet. Avec beaucoup de difficultés ils ont pu s'enfuir en utilisant le lit même de la rivière.

Vers sept heures du soir, c'est-à-dire après trois heures d'un bombardement épouvantable, une accalmie se produit, on peut alors compter les morts et les blessés. Hélas ! ils sont nombreux.

En un immeuble, au bas de la rue d'Amiens, les époux Dumoulin sont tués tous deux. Deux vieillards ont trouvé aussi la mort un peu plus loin : Mlle Esther Caron et son frère Eugène, le frère et la sœur de l'ancien curé de Marchélepot ; Eugène Caron, menuisier de son état, préparait ordinairement les cercueils pour les défunts de la ville, il n'en eut pas pour lui, non plus que sa sœur. Tous deux furent emportés au cimetière dans une couverture et enterrés ainsi.

Mlle Victorine Lesne, âgée de 82 ans, fut si gravement blessée qu'elle mourut le mardi suivant et fut enterrée entre deux volets. Un autre vieillard, Vast-Demametz, perdit la tête — vraiment il y avait bien de quoi ! — il se pendit dans sa maison. Un autre vieillard de 60 ans, Félix Bacquèt, perd lui aussi la raison et, à la mauvaise idée de se pendre, ajoute encore celle d'aller opérer dans la cave de Me Wattelin, notaire, qui, à son retour en octobre, trouvera le corps du pauvre suicidé.

Ces cas de démence ne sont malheureusement pas les seuls qui furent relevés ; en plus d'une honorable famille, à la perte des biens matériels, il fallut ajouter encore la douleur cent fois pire de voir sombrer la raison chez un être aimé.

Devinant que le bombardement reprendra bientôt, M. Leturcq, son adjoint et les conseillers municipaux présents, s'efforcent, sans perdre de temps, de faire entendre à tous qu'il faut sans retard évacuer la ville. On peut penser aux difficultés qu'offrait la simple transmission de cet ordre et surtout l'exécution de semblable entreprise, au milieu de gens affolés, au milieu des blessés, des morts et des mourants. Il importait cependant d'aller vite, et c'est en courant de maison en maison, ou mieux de cave en cave, que les dévoués administrateurs signifièrent l'ordre de partir dans la direction d'Amiens.

Si beaucoup d'albertins partirent, en effet, d'autres ignorèrent l'ordre donné et restèrent dans les caves de longues heures et même de longs jours encore.

CHAPITRE VIII.

L'exode nocturne et le retour sur les ruines.

Ce fut une fugue sinistre que cet exode qui commença ce 29 septembre, vers les 8 heures du soir, au moment même où la pluie de fer et de feu reprenait à nouveau, après une heure d'accalmie.

Les routes donnant accès sur le sud et sur l'ouest sont encombrées de pèlerins, de vieillards, de femmes, d'enfants qui vont à pied, transportant de nombreux baluchons hâtivement sauvés. Beaucoup ont un pain entamé sous le bras ; quelques-uns poussent une brouette où sont entassées les choses dont le besoin est apparu comme plus urgent. Et le triste cortège s'avance au milieu des ténèbres, sur la route dont les bas côtés sont parsemés de blessés et de gens las qui ne peuvent plus marcher.

Qu'on se représente l'angoisse et les souffrances de toutes sortes que supportèrent, dans cette fuite éperdue, les familles pauvres et chargées d'enfants. Sans provisions, sans argent, le plus souvent, il fallait s'en aller vite, sans but précis, avec sur chaque bras des petits qui crient leur faim ou qui dorment lourdement ; il fallait fuir pour éviter la mort, et l'on courait sans savoir où ni comment on vivrait.

Veut-on un exemple typique de ce genre d'infortune, nous le trouvons dans l'histoire navrante d'une famille qui fuit ce soir comme elle s'est enfuie déjà une fois, comme elle fuira une fois encore en février ; c'est la famille Havequez.

Ils sont neuf : le père, homme de peine à l'usine Pifre, la mère, une petite femme qui va aux champs, et sept enfants. L'aîné qui a 18 ans et la plus grande des filles, qui en a 17, travaillent et gagnent leur pain. La seconde fille a 15 ans, on lui en donnerait 12 ; c'est elle qui est la petite mère des quatre plus jeunes dont le dernier n'a vu qu'un printemps. Tout cela loge sur la route de Doullens, non loin du pont jeté sur la voie ferrée. Certes, on n'est pas riche, mais on a le nécessaire, la bonne Providence ayant des attentions spé-ciales pour les familles nombreuses, bref, on se tire d'affaire et l'on vit heureux. Voilà bien une famille de paisibles et de vaillants ; eux aussi seront touchés par l'épreuve amère qui s'abat sur leur ville.

Déjà à l'arrivée des troupes allemandes, une fugue a paru prudente. En l'absence du père, que la mobilisation a requis comme garde-voie, la mère Havequez n'a pas voulu attendre l'arrivée des Prussiens, parce qu'on lui avait dit qu'ils coupaient les poignets aux petits enfants. Elle partit donc, traînant dans une voiturette ses deux plus jeunes, qui avaient la rougeole, traînant aussi les autres, qui s'accrochaient à son tablier et ne pouvaient vaincre leur fatigue et leur sommeil.

La course prit fin à Sarton où une bienheureuse grange s'ouvrit devant la caravane miséreuse. C'est là que, la Providence aidant plus que la Faculté, les petits guérirent de leur rougeole. Mais manquant de tout et apprenant que les Allemands n'avaient pas coupé de poignets aux petits enfants d'Albert, Mme Havequez ramena sa cohorte en son logis, pendant l'occupation même, et se tint tranquille jusqu'au 29 septembre, jusqu'au soir fatal où les obus se mirent à tomber sur la ville. Témoins effarés de la pluie infernale, puis bientôt de la fuite presque générale des habitants de la cité, les Havequez petits et grands firent comme les autres, ils s'enfuirent avec les gens du voisinage. Sauf la plus jeune qui toussait, tout le monde allait bien, mais la peur, l'émotion et la fatigue surtout étaient à leur comble, quand vers les dix heures du soir on put atteindre la grange d'un cousin à Méricourt-l'Abbé. Bientôt il faut chercher à se loger ailleurs, alors on pousse jusqu'à Ribémont où une masure est gracieusement offerte. Mais le bonheur n'est pas de ce monde : voici venir les gendarmes qui exigent que l'on décampe au plus vite pour l'arrière. « Allez, oust ! choisissez : Paris ou Rouen, et plus vite que ça ! » La pauvre mère s'effraie rien que d'entendre parler de Paris ou même de Rouen. Tout cela c'est l'inconnu pour elle. Puisqu'il faut absolument partir, c'est à Albert que la maman Havequez ramènera sa nichée. Demandez-lui pourquoi ! — Mais, parce que c'est *son pays* et parce que c'est là qu'est *sa maison !!* Toute la diplomatie du gendarme et même celle du brigadier ne peut rien contre une raison si bonne et si déterminante. Et les revoilà à Albert, et la vaillante femme trouve moyen d'y faire vivre son petit monde pendant deux mois. Par prudence, les plus petits ne quittent guère la grange d'à côté, où ils s'amusent à compter les coups de canon. Un soir cependant, ils sortent sur la route, histoire de se détendre un peu les jarrets. A ce moment précis, une énorme bombe écrase la grange, broyant aussi, hélas ! la voiturette des tout petits et le matelas des plus grands, double perte très sensible et que l'on déplorera longtemps dans la pauvre famille.

Là-dessus, nouvelle panique et nouveau départ, mais cette fois, le père est là, ayant été libéré à cause de ses sept enfants, aussi on agit avec ordre et méthode : on emporte le mobilier. C'était le 8 février. Et voilà comment les neuf membres de la famille Havequez vinrent vivre à Amiens, rue des Cannettes. en une maisonnette à 20 francs par mois.

Mais revenons à l'exode du 29 septembre et laissons l'un des pèlerins de ce terrible soir nous dépeindre le cruel voyage qu'il accomplit alors, comme tant d'autres de ces concitoyens. Voici donc ce qu'écrivait peu de temps après, M. Fernand Monchy, le très distingué président de l'Association de la Jeunesse Catholique Picarde :

« Avant de quitter notre chère et malheureuse cité. nous l'avons contemplée du haut de la route d'Amiens. Ce n'était plus qu'un immense brasier au milieu duquel les obus et les fusées incendiaires continuaient de tomber. Du tourbillon de flammes et de fumée, seule la basilique de Notre-Dame de Brebières émergeait. Elle semblait une masse rouge et sanglante. Le grand dôme doré et la statue de la Vierge se dressaient dans le ciel illuminé et semblaient défier le feu des barbares. C'était superbement sinistre... »

Les voyageurs se dispersèrent au cours de la nuit, s'arrêtant, selon que les forces leur manquaient, dans les villages plus rapprochés ou plus distants ; beaucoup parvinrent jusqu'à Amiens et s'y installèrent comme ils purent. Voilà des instants qui resteront gravés dans la mémoire de ces paisibles citoyens ; les cœurs des mères qui virent alors souffrir leurs enfants auront peine à comprendre cette tactique qui fut si générale pendant les premiers mois de la guerre, et qui consista à rassurer toujours et quand même l'opinion publique, comme si nier le danger c'était l'éloigner.

Que de larmes, que de souffrances, que de vies eussent été épargnées si une autorité prévoyante eut fait évacuer la ville d'Albert avant qu'il ne soit trop tard.

Dès le lendemain quelques-uns des fugitifs de la nuit revenaient malgré la persistance de la pluie d'obus, pour voir en quel état lamentable était réduite leur ville. Le nombre des visiteurs s'accrut les jours suivants, et le tableau qui s'offrait à leur vue était bien un spectacle de désolation.

Oui, elles étaient effrayantes ces ruines accumulées par le bombardement du 29 septembre. Le centre de la ville surtout avait pâti. Le clocher de la basilique avait dû servir à régler le tir des ennemis et c'est sans doute au service qu'il rendait à leur artillerie qu'il dût de rester intact quand tout croulait autour de lui. Évidemment ce n'est pas la beauté du svelte monument qui lui fit trouver grâce devant la « kultur » allemande, un avenir prochain le montrera suffisamment. Après l'anéantissement de plus pur joyau de l'architecture médiévale, devait venir aussi l'anéantissement de cet autre joyau moderne de l'art roman-byzantin : Après Reims, Albert devait voir s'accomplir un de ces crimes qui marquent au front les coupables d'une honte éternelle, mais l'heure n'était pas venue encore et, pour le moment, la basilique était intacte ou presque, alors qu'à l'entour tout était en ruine.

A ces ruines, d'autres vont s'ajouter, car le bombardement va se prolonger pendant tout le mois d'octobre et même pendant les mois suivants, mais avec des variantes d'intensité très marquées et des arrêts très irréguliers.

Nous avons dit ce que fut la soirée du mardi 29 septembre, la nuit qui suivit vit la continuation du déluge de fer et de feu et le mercredi ne fut pas différent.

Vers dix heures du matin, M. Gervois, dont la fille déjà est blessée, sort de son modeste logis de la rue des Cressonnières. N'entendant plus de bruit depuis un moment, il a voulu voir ce qu'il en était des environs de sa demeure. Un obus siffle et éclate, tuant raide le malheureux. Quatre jours plus tard on pourra l'enterrer, quand un cercueil lui viendra d'un village voisin, le pauvre corps sera déjà couvert de mouches.

Le 1ᵉʳ octobre, vers onze heures, un obus tombe sans éclater près de la basilique, derrière la chapelle de St-Benoît-Labre. Peu après un autre obus écorne le presbytère et met en miettes le vitrail de St-François.

Vers onze heures du soir, Mᵐᵉ Comte et ses hôtes sont secoués au fond de leur cave. Mᵐᵉ Comte remonte bientôt voir ce qui s'est passé : une aile de sa villa venait de s'écrouler sous les bombes, heureusement il n'y eut pas d'incendie.

Le 2 octobre, c'est l'usine Liné qui brûle, menaçant d'incendier tout le quartier.

Presque chaque journée qui s'écoule a son contingent de blessés et de morts et son stock de ruines nouvelles.

Le 3 octobre, Mme Mâchoire, l'une des hôtes encore de Mme Comte, quitte un instant la cave de la Villa des Rochers pour voir ce qu'est devenue sa propre maison. Un éclat d'obus lui fait aussitôt une énorme entaille à la jambe. Mme Toussaint qui, elle aussi, s'est réfugiée dans la même cave, où elle restera dix-sept jours durant, s'efforce de soigner la blessée et réussit à la guérir.

Les bons soins de Mme Toussaint sont acquis à tous ceux qui les réclament ; à chaque nouveau malheur elle abandonne sa retraite pour se porter auprès des blessés. Parfois elle ne trouve plus qu'un cadavre, elle signe alors un acte de décès provisoire et donne un permis d'inhumer ; c'est ce qu'elle fait notamment pour Mlle Leclercq, tuée par un obus le jeudi 8 octobre. Cette infortunée fut enterrée par son propre père, entre quelques planches trouvées non loin de là, à l'imprimerie Quéret.

Ah ! c'est que les cérémonies traditionnelles ont cessé d'exister ici, comme ont cessé aussi les formalités de l'état-civil. La signature de Mme Toussaint, vu la notoriété qui s'attache à son nom, vu l'estime qu'elle a su mériter de la ville entière, servira sans conteste, ultérieurement, à dresser des actes réguliers ; pour le moment on fait comme on peut.

Au 4 octobre aussi remonte la mort de Mme Emilie Queneutte, âgée de 67 ans, servante de M. l'abbé Cardon. De l'Hôpital militaire d'Amiens, où il est infirmier, M. Cardon pense à sa vieille servante dont la situation l'inquiète. Le 4 octobre donc, il prie M. André Peuvion d'aller la chercher en automobile pour la ramener à Amiens où, par ses soins, un asile lui est préparé. Hélas ! il était trop tard ; lorsque le 5 octobre, au matin, M. André Peuvion franchit le seuil de la maison vicariale pour accomplir sa charitable mission, il trouva le cadavre de la pauvre femme dans la cour ; un boulet l'avait tuée à cette place. Dans l'impossibilité de faire mieux, les voisins enterrèrent Emilie Queneutte à l'endroit même où la mort l'avait trouvée.

Il serait difficile d'imaginer le spectacle qu'offre Albert pendant ces terribles jours et ces lugubres nuits. Dans les rues en ruines que les obus ont défoncées, on voit parfois passer à pas pressés une forme humaine qui se dissimule, c'est quelque malheureux courant au ravitaillement ou cherchant du secours pour quelque victime des bombes.

Des animaux faméliques sont les seuls maîtres de la surface ; chiens et chats rôdent en effet en quête de nourriture et c'est chose lugubre que d'entendre leurs cris de détresse quand ils découvrent l'une des cachettes où sont terrés les habitants.

Chez Mme Comte, c'est-à-dire dans sa cave, il faut soutenir un véritable siège contre ces envahisseurs affamés auxquels cependant on ne peut permettre l'entrée, car la place manque et les vivres s'épuisent déjà rapidement. En un seul jour il faut tuer quatorze de ces pauvres bêtes dont les instances manquent par trop de discrétion.

Outre les chiens et les chats, on voit déambuler de lamentables volailles et les échappés des clapiers et des logettes de toutes sortes. Des porcs, des bœufs, des vaches rôdent sur les ruines fumantes, quand une chaîne solide ne les force pas à mourir de faim près du ratelier vide, ainsi que cela se vit notamment chez M. Quignon.

L'eau manque en ville autant et plus que bien d'autres choses. C'est encore la Villa des Rochers qui sera la providence du pays ; là il y a de l'eau, mais voilà, il faut aller la chercher et ce n'est pas toujours chose aisée.

Le 7 octobre, un remous de troupes se produit, on se précipite pour voir ; ce sont quatre cents prisonniers allemands que l'on emmène. La bataille bat son plein aux environs.

Le jeudi 8, un franciscain soldat célèbre une messe à l'Hospice et c'est une consolation pour les cœurs pieux depuis longtemps privés de tout exercice religieux. Le dimanche 4 octobre en particulier, on a dû, faute de mieux, lire les prières de la messe au fond des caves.

Le dimanche 11 octobre le calme semble revenir ; on sort des caves un peu partout, notamment à la Villa des Rochers. Sauf le vénérable commandant Weiss, les infirmes peuvent être transportés à Corbie, en une voiture que Mme Toussaint a su trouver.

Le 17 octobre, l'arrivée d'un état-major, vers 4 h. 1/2 du matin, semble être le signal d'une reprise nouvelle dans la lutte qui se livre aux environs.

Les journées calmes succèdent aux jours de grands combats et de fortes canonnades, d'autres fois ce sont les avions qui se battent au-dessus des ruines, comme il advint notamment le jeudi 22 octobre ; parfois, enfin, de nouvelles bombes viennent toucher de nouvelles victimes.

C'est ainsi que le 19 octobre au soir, quelques artilleurs sont blessés. Au repos pour quelques heures, ils s'étaient abrités contre un pan de mur de la pharmacie Sauvage, malheureusement ce mur en ruines s'écroula sur les soldats ; vite on courut à la ressource ordinaire à Mme Toussaint, qui s'empressa de venir panser les blessés.

La fête du 1er novembre n'est guère célébrée que dans les cœurs. Un prêtre breton peut cependant quitter un instant la tranchée pour venir célébrer la messe à l'Hospice. Le 2 novembre, le jour des Morts, c'est bien le moment de se remémorer tous les disparus qui ont passé presque inaperçus au cours des tragiques événements de ces derniers mois : ils étaient trop !

Dès le lendemain matin, 3 novembre, le bombardement reprend plus violent que jamais, et des combats acharnés se livrent aux environs. Le fracas assourdissant va *crescendo* jusqu'au vendredi 6. Le soir de ce jour les sœurs de l'Hospice, qui depuis longtemps sont dans l'impossibilité absolue de dormir, viennent se terrer, elles aussi, dans les caves de la Villa des Rochers, pour goûter au moins une nuit d'un repos réparateur devenu nécessaire.

Le 8 novembre, une nouvelle émigrée, la plus noble des victimes du bombardement, vient à son tour chercher un refuge dans les grottes de la Villa. Belle comme le jour, c'est une reine, une vierge, une Mère, c'est la Madone aimée des enfants de Picardie et d'Artois, c'est Notre-Dame de Brebières en personne.

Sortie de terre, il y a dix siècles, elle consent à s'y réfugier de nouveau, sans doute pour ne pas voir les infernales cruautés des luthériens allemands : ne serait-elle pas forcée de les maudire, alors qu'elle ne veut que bénir...

Aussi bien elle est chez elle ici, la tant aimée Madone. Depuis de longues années, la famille Comte s'est montrée des plus fidèles, des plus empressées, pour le service de la Vierge, de son palais royal, de sa basilique. Ici, tous les respects lui sont assurés, et une atmosphère d'amour l'environne et la console.

Et le bombardement continue toujours !... Sitôt qu'un peu de calme semble revenir, on voit accourir des albertins effarés. Venant des villages d'alentour où ils ont pu trouver un abri, les pauvres gens veulent voir ce qui reste de leur maison.

Que de fois ne vit-on pas des malheureux, des malheureuses, des familles entières, cherchant péniblement dans les débris et les cendres, des bribes de ce qui était leur bien, leur avoir, leur fortune ;

leurs larmes amères et leurs sanglots de détresse fendaient le cœur.
C'est que, pour beaucoup d'entre eux, il ne restait plus rien ; tout
avait été broyé, pilé, brûlé, depuis le toit jusqu'à la cave, depuis les
murs jusqu'au dernier des meubles ; depuis les provisions de bouche
jusqu'aux vêtements et au linge ; depuis ces gagne-pain que sont les
instruments de travail jusqu'à ces bibelots et souvenirs dont seul le
cœur connaît le prix.

Après de longues heures de recherches sur les décombres encore
fumantes de sa maisonnette, une pauvre ouvrière rentrait à pied à
Amiens, avec, pour toute richesse, quelques, menues pièces métal-
liques, vestiges de sa machine à coudre, deux casseroles bosselées
et, dans un humble cadre, une photographie à demi calcinée : le
portrait de son fils, parti comme tant d'autres, là-bas, sur le front et
tombé mortellement blessé. Le désespoir de cette malheureuse
femme arrachait des larmes aux plus insensibles.

Tout le monde ne reprit pas le chemin de l'exil ; ceux qui eurent
la chance de retrouver un toit, si endommagé fut-il, ceux qui purent
s'assurer un asile chez un parent, un ami, un voisin, dont la maison
avait été épargnée, tous ceux-là restèrent à Albert et commencèrent
sans retard le grand travail du déblaiement des rues. Mais il fallait
se tenir prêt à toute alerte possible, et pour cela coucher tout
habillé et s'installer dans les caves ; une inquiétude de tous les
moments pesait donc sur les malheureux.

Pour la plupart cependant, les albertins prirent l'habitude, le soir
venu, de retourner dans l'un ou l'autre des villages voisins : Heilly,
Buire, Ribemont, Dernancourt, etc. ; ils y passaient la nuit et revenaient au matin en leur cité mutilée : Quelques marchands trouvèrent
moyen d'ouvrir des magasins, parfois étranges, mais qui facilitaient
l'existence à tous les indéracinés de la ville.

C'est ainsi, pour ne citer qu'un exemple, que Mme Veuve Richard
revenait chaque matin de Dernancourt pour tenir boutique sur les
ruines de sa maison, auprès du presbytère, où elle donnait encore
asile au fruitier Lebrun et à ses marchandises.

Chaque soir l'exode des albertins recommençait, tant on redoutait,
non le canon auquel on était habitué, non pas même les bombes,
mais bien surtout le retour toujours possible de l'ennemi exécré.
Puis, chaque matin les routes d'alentour revoyaient les mêmes
fidèles ramenés par leur amour pour leur ville et leur maison. Déjà
une certaine activité semblait renaître dans la ville dévastée. Du

haut de son trône élevé, la Vierge dorée régnait encore, et sa vue rendait confiance et courage à ceux qu'une si terrible et si subite adversité n'avait que momentanément abattus.

Hélas ! Albert n'avait pas encore épuisé jusqu'à la lie la coupe des douleurs, des jours plus cruels encore allaient venir.

CHAPITRE IX.

Les premières blessures de la Basilique.

La journée du 21 octobre fut marquée à Albert par la chute de onze obus.

Le jeudi 22, dans l'après-midi, un oiseau de malheur reparut à nouveau : un taube survola longuement la ville. Peut-être vit-il les ouvriers du télégraphe qui réparaient les fils, au long de la voie ferrée ; plus probablement encore s'inquiéta-t-il du transport à la gare d'une énorme grue, que M. Abel Pifre envoyait au génie pour aider au rétablissement du pont de Daours, toujours est-il que, peu d'instants après la rentrée de l'avion dans les lignes allemandes, le bombardement fit rage à nouveau.

Visiblement la gare était le but assigné aux pointeurs allemands, pour qui ce dut être un simple jeu, étant donné le peu d'éloignement et le point de repère si admirablement placé que constituait le clocher.

Un obus tombe près du pont de Constantine, sur la voie ferrée de Doullens et du Nord ; il n'y a pas grands dégâts, mais les fils télégraphiques sont coupés. Bientôt les coups se rapprochent de la gare. Les ouvriers télégraphistes voient les fils leur échapper des mains ; en toute hâte ils abandonnent l'ouvrage et se replient sur Amiens.

Les hommes occupés dans la cour de la gare à mettre sur rails la grande grue, sont obligés de fuir, eux aussi, et l'énorme machine est atteinte bientôt.

Mais, on le devine, la pluie infernale ne fut pas réservée uniquement pour la gare, tout le quartier depuis la sucrerie, sise plus au sud, jusqu'à l'église, plus au nord-est, fut copieusement arrosé de mitraille.

La Basilique cette fois fut atteinte, involontairement peut-être, car au point de vue stratégique elle offrait à l'ennemi un secours qui n'était pas à dédaigner, mais elle fut touchée, et trois obus préludèrent à sa destruction.

Un premier projectile traversa le clocher de part en part, à la hauteur des abat-son, sans causer d'ailleurs de dégâts irréparables. Bientôt deux autres obus venaient écraser le lanterneau central, dont les débris précipités sur le maître-autel, ne causèrent pas de trop graves dégâts à ce chef-d'œuvre admirable. Un visiteur dépeignait ainsi l'état de la Basilique à cette époque :

Le quart de la toiture de la coupole a été démoli et est tombé sur le maître-autel qu'on voit encore émerger au milieu des décombres de toutes sortes ; on ne peut d'ailleurs en approcher que difficilement. Les chandeliers ont été tordus et, chose curieuse, des auréoles d'or ont roulé un peu partout. La balustrade gauche, derrière l'autel, est fort abîmée.

Au fond, à l'autel de la vierge miraculeuse, une énorme pierre est tombée, on ne sait d'où, sur le côté droit, démolissant les cierges et les vases de fleurs, déchirant la nappe, et est allée aplatir la sonnette à trois clochettes qui se trouvait sur les marches. Par endroit la mosaïque est fort abîmée.

Mais, comparativement, la basilique jusqu'alors n'a pas grand mal. En face, au contraire, sur la place, les maisons sont écroulées, il ne reste plus que la carcasse en pierre de l'Hôtel de Ville ; parfois la façade et le toit d'une maison sont intacts et l'intérieur entièrement démoli.

D'autre part, interviewé par un journaliste de Paris, M. Pluquet, secrétaire de la Mairie, dont l'habitation venait aussi de disparaître, résumait ainsi les dégâts subis par la ville :

« Le mal, s'il n'est pas irréparable, car il ne faut jamais désespérer de l'activité française ni des ressorts de notre énergie, le mal est bien grand.

En bombardant Albert, les Allemands n'ont pas envoyé un seul boulet à la légère. Les bas-quartiers de la ville ont été presque totalement épargnés, l'ennemi n'y a pas gaspillé ses munitions ; c'est sur le centre qu'il s'est acharné, sur le centre où s'élevaient les principales usines, où l'industrie française faisait une concurrence de tous les instants à l'industrie allemande, sur le centre qui s'enorgueillissait des principales constructions. Sans exagération on peut dire que cent cinquante maisons au moins ont été incendiées, et plus de deux cent cinquante autres détruites en leur presque totalité, par les « marmites ».

De toute l'industrie si florissante d'Albert, qui faisait sa prospérité, de toutes nos usines, deux seulement subsistent qui n'ont pas trop souffert du bombardement, celles de MM. Guillemin, Sergot et Pégard, fabricants de machines-outils, route de Bapaume et celle de M. Rullon, maître de forges, rue de Mailly. »

Semblable ouragan ne pouvait passer sans qu'il y eut des victimes humaines, hélas ! on en compta plusieurs. Au plus fort du bombardement, Mme Leclercq quitta la maison familiale de la rue des Marais, pour aller rejoindre son vieux père, infirme depuis qu'un accident du travail l'a privé de l'un de ses poignets. Comme elle traversait le jardin, la pauvre fille tomba tuée net par un obus. Le père impotent dut se faire aider par son fils, un jeune homme de 16 ans, et par un aumônier militaire, pour confectionner tant bien que mal un pauvre cercueil qui, porté par les deux hommes et suivi du prêtre, s'achemina vers le cimetière.

« Albert était déjà une ville bien malade, en octobre, écrira, dans *l'Eclair* du 23 février, M. Maurice Leclercq, qui à cette date venait de visiter à nouveau l'infortunée cité ; l'on pouvait compter par centaines ses pignons éventrés, ses façades démolies, ses toits écroulés sous le choc des gros percutants allemands de 10 et de 15 centimètres. Cependant, s'il ne restait plus dix briques l'une sur l'autre de tout le pourtour de la place d'Armes, beaucoup de maisons étaient encore intactes au hasard des rues. Le quart des maisons détruites, quant au nombre, le tiers quant à leur valeur, tel était le bilan. La Basilique avait été touchée, trois obus l'avaient souillée, mais la Vierge trônait encore sur la haute tour, et son ombre s'étendait sur de grandes ruines ; les femmes et les vieillards qui persistaient à vivre parmi ces ruines, tiraient leur réconfort de son voisinage.

Ils étaient héroïques sans s'en apercevoir, jusque dans leurs propos, ces humbles, que les conseils ni le risque de mort constamment suspendu sur leurs têtes n'avaient pu décider à partir. Ce n'étaient pas les riches de la petite ville, ses rentiers ou ses directeurs d'usines, mais les plus pauvres de ses fils, ceux qui possédaient le moins. Beaucoup n'étaient que locataires de leur maison. Il n'importe ; les lieux familiers, l'entité abstraite de leur foyer qui pouvait être détruit, leurs pauvres meubles à garder, les retenaient là, bien qu'ils convinssent eux-mêmes que leur présence ne pouvait protéger aucune de ces choses. — Que voulez-vous, disaient-ils ? Faire comme les autres, partir... Nous y avons songé. Mais c'est plus fort que nous : nous sommes restés au dernier moment, ou nous sommes revenus...

Alors, ils nous racontaient avec des précisions minutieuses les premières journées du bombardement :

— A trois heures dix, un obus est tombé au milieu de la façade de la maison, en face, sur la gauche. Nous nous sommes crus tués, le bruit était si terrible...

Depuis six mois que nous sommes saturés de récits de ce genre, ces épisodes ne nous paraissent plus rien. Il en va tout de même autrement quand votre interlocuteur peut ajouter: « Voici, Monsieur, à trois mètres de vous, le trou où cet obus a tué une femme, hier. »

Hélas ! depuis lors les choses ont encore bien empiré. »

Au soir de ces terribles journées bien rares sont les audacieux qui restent en ville pour la nuit. M. le Maire s'efforce d'ailleurs de convaincre toute la population et est assez bien obéi : on va coucher dans les villages plus à l'ouest ou au sud-ouest.

M. le Doyen est toujours là, mais on lui représente que, venant de lui, un exemple de déférence à l'avis du maire ne serait pas inutile, il se retire alors à Amiens où il restera un mois. Revenu ensuite à Méaulte, puis à Albert même, pendant trois autres mois, il finira par s'établir à Dernancourt pour attendre la fin de la tourmente. Mais quand viendra-t-elle, cette accalmie finale ? Le 26 octobre, douze obus s'abattent encore, entre deux et quatre heures ; le 25, il en tombe encore quatre près de la ferme de Bellevue, pour le dernier jour du mois on compte trente obus sur la ville et la gare ; c'est le bouquet !

Convenait-il, dans ces conditions, de faire réintégrer la ville par les habitants ? grave question qui fut résolue par la négative, l'autorité municipale ne voulant pas prendre la responsabilité des événements douloureux qui pouvaient encore se produire. On comptait jusque là plus de vingt victimes, c'était bien trop déjà. Mais que faire alors des malheureux albertins dont la situation restait des plus précaires. L'autorité préfectorale et l'autorité municipale s'occupèrent sans retard de tout organiser,

Au nombre de 3.500 les réfugiés furent répartis dans une quinzaine de petites communes à l'ouest et au sud d'Albert. M. Leturcq et M. Pluquet, ainsi que M. Sauret, sous-préfet de Péronne, s'occupèrent de visiter les cantonnements et d'en assurer le ravitaillement. Par les soins du maire, des bestiaux étaient abattus chaque jour, à Dernancourt, et une voiture portait la viande nécessaire dans chacune des communes occupées par les gens d'Albert.

Un homme dévoué, M. André Peuvion, qui s'était d'abord mis au service de la mairie pour transporter les blessés dans son automobile, entreprit ensuite de parcourir chaque jour les villages pour recueillir les correspondances de ses concitoyens et les porter à Amiens.

Pour dégager sa responsabilité et surtout pour inciter la population à patienter et à rester dans ses cantonnements provisoires, M. le Maire fit afficher dans toutes les communes environnantes l'avis suivant :

« Le Maire d'Albert a l'honneur d'informer ses concitoyens que la ville d'Albert étant toujours située dans la ligne de feu, ainsi que le prouve le nouveau bombardement du jeudi 22 courant, il y a un intérêt essentiel pour leur sécurité à ne pas réintégrer leur domicile avant que l'autorité militaire le permette :

Les habitants seront d'ailleurs prévenus en temps voulu. Les personnes qui persistent à rester dans Albert malgré les conseils et les avertissements, soit de l'autorité militaire, soit de l'autorité civile, le font à leurs risques et périls. »

Le Maire d'Albert : LETURCQ.

En date du 24 octobre, le maire d'Albert avait déjà informé ses concitoyens qu'un bureau de la mairie était établi à Amiens, rue Allart, en l'ancienne étude de M⁰ Peuvion, qu'un autre bureau serait ouvert à Buire et qu'un troisième resterait à Albert, en la maison de M. Dolé, fabricant de briques. M. Picard-Deneux, adjoint, se chargeait de cette mairie provisoire, pendant que M. Devisme, l'instituteur communal, serait au bureau d'Amiens et M. Pluquet à celui de Buire. Cet avis se terminait ainsi :

« Le Maire d'Albert insiste tout particulièrement auprès de ses concitoyens nécessiteux pour qu'ils cherchent du travail et pour qu'ils viennent en aide aux cultivateurs dans l'arrachage des betteraves. Il les invite à se comporter d'une manière exemplaire, afin qu'aucun reproche ne puisse leur être adressé. Il y va de leur honneur, de leur tranquillité et de la réputation des albertins.

« Dans les moments pénibles que nous traversons, le calme, la dignité et la patience sont plus que jamais nécessaires. Si, à ces qualités, viennent s'ajouter les sentiments de solidarité, dont chacun doit être pénétré, nous n'aurons que plus de force pour supporter les mauvais jours.

« Le Maire d'Albert compte sur ses concitoyens comme ils peuvent compter sur lui.

« Albert, le 24 octobre 1914.

Le Maire : E. LETURCQ. »

Comme en septembre, le bombardement continua, mais avec moins d'intensité et par intermittences, durant plusieurs jours et l'on compta quelques nouvelles victimes, dont un gendarme et un paisible garçon laitier qui avait eu le courage d'entreprendre quand même son habituelle tournée.

Les bombardements du mois d'octobre montraient assez que les Allemands n'auraient aucun égard pour la Basilique. En novembre, des shrapnels éclatant au-dessus de la nef abimèrent considérablement la superbe toile de Grellet, la célèbre procession des saints. Décidément il y avait tout à craindre pour les richesses du monument. D'autre part, trop de visiteurs venaient dans l'église pour que des précautions ne soient pas prises d'urgence. C'est ce que pensa un homme de cœur, bien placé pour en juger. M. V. Caullier fils, estima le moment venu d'abriter contre les bombes allemandes et contre la visite de gens indélicats le plus d'objets possibles. Il fit part de ses intentions à M. le Doyen, au cours d'une rencontre à Dernancourt, le jeudi 29 octobre, et avec son assentiment il se mit à l'œuvre dès le lendemain matin.

M. Canler, charron, rue de Péronne, vint aider M. Caullier ; à eux deux, ils démontèrent le grand ostensoir et le descendirent du maître-autel alors à demi enseveli sous les décombres du lanterneau écroulé. Ils remarquèrent qu'en dépit des chocs reçus, cet admirable autel n'avait pas trop souffert, non plus que ses riches parements.

Un éclat regrettable se voyait seul à l'une des marches de marbre et un seul des chandeliers avait été détérioré et tordu.

Aidés encore de M. et Mlles Laisne, les travailleurs volontaires purent retirer et mettre en lieu sûr les pièces d'orfèvrerie de l'église et de la sacristie. Sur un ordre de M. le Doyen, que vint transmettre la Sœur Supérieure de l'Hospice, tous les objets recueillis furent descendus au sous-sol, en un caveau situé près de la chambre du moteur. D'autre part, l'une des excellentes sœurs de charité aida M. le Doyen à mettre en lieu sûr quelques autres richesses de l'église et tout notamment l'offrandier.

Le 8 novembre, ainsi que nous avons eu déjà l'occasion de le mentionner, la statue vénérée de N.-D. de Brebières avait été abritée contre toute profanation. La Sœur Supérieure vint demander à M. Laisne, de la part de M. le Doyen, de vouloir bien assurer ce transfert. En l'absence de M. V. Caullier, M. Laisne fut aidé par le maréchal-des-logis Paul Vrignaud et l'artilleur Edmond Ciret, tous deux du 51e d'artillerie.

L'opération était difficile, vu le poids énorme de la statue et l'encombrement de la chapelle déjà remplie par les matériaux effondrés. A l'aide d'un palan, les trois hommes travaillèrent longtemps ; ils parvinrent à coucher la statue sur un brancard pour la sortir de la Basilique. Un camion la prit alors pour la transporter à la Villa des Rochers, en passant par la route de Péronne.

Quelques mois plus tard, M. le Doyen jugea bon de faire transporter la statue en un lieu plus discret, qu'elle quitta encore pour Amiens, au moment de la neuvaine, en septembre 1915.

Les magnifiques tableaux en bronze doré du Chemin de Croix restèrent en place jusqu'en janvier, ils furent alors descellés et mis en sûreté.

Plusieurs personnes tinrent à honneur de sauver quelque chose, notons, entre bien d'autres, le dévouement de Mme Hyé, la gardienne de la Villa des Rochers.

Enfin, au cours de l'une des nombreuses visites qu'il put rendre à la Basilique, au cours des journées sinistres, M. E. Godin, d'Amiens, frère de Mgr Godin, prit, de concert avec M. le Doyen et l'autorité militaire, toutes les mesures de protection qui parurent utiles, et assura le sauvetage de quantité de richesses. Les ornements sacerdotaux, ceux si particulièrement précieux qui avaient servi au jour du Couronnement de la Madone, furent notamment mis ainsi en sûreté par ses soins.

Hélas ! si de grandes richesses et des souvenirs vénérés furent sauvés, combien d'autres beautés d'un prix incomparable ne furent-elles pas anéanties par le vandalisme des teutons.

On peut sans effort, quand on connaît son grand cœur, imaginer quelle douleur intense étreignit M. Godin en présence des ruines de l'œuvre maîtresse de son vénéré frère. Il repartit abattu et navré, sans même pouvoir s'approcher de la tombe du bâtisseur de Notre-Dame, tant les décombres remplissaient la chapelle absidiale. A son retour à Amiens, c'est les larmes aux yeux qu'il narrait les douloureux détails de son pèlerinage aux saintes ruines de la Basilique, mais son cœur vaillant et sa foi profonde — vertus de famille — lui faisaient dire, même dès ce premier moment, où l'épreuve cependant pesait sur lui de tout son poids, que l'œuvre sacrilège et dévastatrice verrait en un jour prochain une glorieuse réparation.

Témoin constant du grand labeur de son vénéré frère, témoin surtout de son indomptable courage et confident assidu de ses espoirs comme de ses peines, M. E. Godin aimait la Basilique de Brebières comme son œuvre propre. Dépositaire de la pensée intime de Mgr Godin, il peut, mieux que quiconque sans doute, parler maintenant au nom de celui qui dort son éternel sommeil sous les décombres du temple ; il peut parler au nom de son illustre et tant aimé frère, et c'est une parole d'espoir qu'il fait entendre !

Il nous a dit sa conviction que la Sainte Vierge n'a pas fait, avec les seules ressources de la piété de ses fidèles, le miracle de l'édification si rapide d'un temple qui chantait si bien sa gloire et manifestait si hautement la grande dévotion des contrées du Nord à son culte, pour laisser aujourd'hui cet édifice voué à une ruine définitive.

Le miracle qu'elle a fait pour la construction de la Basilique, elle le refera pour sa reconstruction.

CHAPITRE X.

Le Martyre de la Basilique.

Ainsi donc deux bombardements prolongés avaient déjà mis à mal la petite ville d'Albert, mais la Basilique était encore debout et l'on pouvait penser qu'une date prochaine verrait réparer l'outrage que lui avaient fait quelques obus allemands.

En novembre, les obus tombent encore un peu, comme par habitude. Le 2, Albert en reçoit deux près du cimetière, le lendemain il en tombe trente-deux et la Basilique est encore endommagée. Le 14, il en tombe vingt-et-un, le lendemain quatre ; le 16, on en enregistre douze, le 17 on en compte dix-huit, le 19 en a treize, le 20 en a quinze, le 21 dix-huit; le 22, quatre maisons de la rue d'Aveluy sont écrasées par quatre obus différents. Une accalmie vient alors qui s'étend jusqu'au 19 décembre, jour où vingt-huit obus annoncent que la rage allemande n'est pas encore assouvie. Le 21 décembre, quinze bombes aspergent l'Hospice et les environs ; le 26, on compte quinze obus ; il y en a le double le lendemain et dix le 30. Le dernier jour de l'an, il y a relâche.

Pendant les accalmies, l'espoir renaissait, c'était tout, croyait-on. Alors les habitants revenaient ; ils furent bien un millier qui préférèrent vivre là de privations et de misères plutôt que d'aller vivre à l'arrière.

Les pauvres gens revenaient dans une ville morte : plus d'industrie, plus de commerce, plus d'éclairage, plus de services municipaux ou presque.

Le Maire s'est réfugié à Amiens avec le secrétaire de mairie, M. Pluquet, et avec la plupart de ses administrés. Toutefois, loin d'abandonner les ruines de sa ville et les vaillants qui y sont revenus, M. Leturcq fait de fréquentes apparitions, veillant à tout dans la mesure de ses moyens. Des arrêtés municipaux règlent la circulation qui est interdite à partir de cinq heures, les rues étant en un tel état que, dès le soir venu, tout déplacement serait vraiment dangereux.

La Basilique après le bombardement.

Cliché Lelong.

La Rue des Aisés
avant
le bombardement.

La même rue après le bombardement.

Un autre arrêté municipal informe que, pour passer la nuit à Albert, il faut d'abord obtenir une autorisation de l'autorité militaire, et celle-ci ne badine pas avec les délinquants que lui signale le poste de garde.

Enfin, une autre mesure concerne les cafés : ils doivent fermer à quatre heures ; notons d'ailleurs qu'il n'y en a que trois qui subsistent. Le commerce local est réduit à rien, la vie a presque disparu de la ville.

Vers le milieu de novembre, cependant, en assez grand nombre des albertins reviennent que n'effraient pas les bombes isolées tombant encore de ci de là, de loin en loin. Mais l'ennemi n'a pas encore assouvi sa rage infernale. En effet, aux bombardements passés allait s'en ajouter un autre qui, complétant le martyre de la ville, abimerait encore son admirable temple.

On s'est demandé pourquoi les barbares avaient épargné si longtemps la Basilique ; peut-être voulurent-ils la conserver comme point de repère jusqu'à la fin de leur infernal massacre. Cette version, qui est bien la plus probable, ne fut pas celle qui trouva créance à Amiens, où l'on donnait une autre explication que nous relèverons ici pour mémoire. Au cours des précédents bombardements, disait-on, un espion se tenait caché en haut de la tour de l'église et de là, à l'aide de signaux conventionnels, renseignait les Allemands sur l'efficacité de leur tir. Une femme, qui portait chaque jour à manger à l'espion, fut cause que ce guetteur fut enfin appréhendé. Une cour martiale le condamnait aussitôt à mort et la sentence était exécutée de suite, mais, dès ce moment, c'est sur la Basilique que vinrent tomber les boulets ennemis.

Rien de vrai, évidemment, dans cette histoire de brigands, mais elle montre avec quel douloureux intérêt le public suivait la marche des événements terribles qui se passaient à Albert, créant des légendes, au besoin, pour expliquer ce qu'il ne pouvait comprendre des agissements des vandales.

Le bombardement du mois d'octobre s'était prolongé peut-on dire pendant les deux mois suivants. Des obus, en effet, tombèrent encore sur la ville en novembre et décembre, mais à des intervalles très irréguliers et assez éloignés. Le 14 décembre, cependant, la reprise s'accentua davantage, mais ne continua pas.

La fin du mois fut marquée par d'heureux faits d'armes de nos troupes, sur la partie du front proche d'Albert. C'est ainsi que le 24, nos vaillants soldats attaquaient, avec un entrain admirable, les positions allemandes de La Boisselle, rapprochant nos tranchées jusqu'à 550 mètres de celles de l'ennemi, faisant une centaine de prisonniers et capturant quatre mitrailleuses.

Les jours suivants, et dès le jour de Noël, les Allemands concentraient sur ce point une grosse artillerie et tentaient de contre-attaquer, mais ce fut en vain ; nos braves soldats restèrent maîtres du terrain conquis. Plusieurs officiers allemands furent tués au cours de ces engagements, et leurs corps restèrent aux mains des français ; il n'en fallait pas davantage pour attirer à nouveau l'ouragan de fer et de feu sur la ville voisine, sur Albert. Déjà le premier jour de l'an 1915 avait été marqué par une véritable pluie d'obus ; le 4 janvier il en tombait quatre ; le 8 il en tombait douze ; le 10 on en comptait vingt et le 14 on en comptait au moins cent quinze. On peut juger de la facilité qu'avait l'ennemi pour atteindre le but visé, puisque son artillerie était massée sur les petites hauteurs des environs, à Ovillers, à 4 ou 5 kilomètres, à Thiepval, à 6 ou 7 kilomètres. Hélas ! point n'est besoin de recourir à la fable d'un espion logé dans le clocher, pour expliquer la précision des coups de canon.

La Basilique fut visiblement l'objectif visé par les Allemands, surtout ce 14 janvier et le lendemain, où quarante-trois obus continuaient le massacre. Aussi en quel état lamentable fut réduite la belle église, un visiteur de cette époque va nous le dire : « Son superbe dôme doré a disparu. Le vendredi 15 janvier, la coupole a volé en éclats, vers les trois heures et peu après la vierge en bronze, de six mètres de hauteur, qui surmontait le clocher, fortement soutenue par une grosse tige de fer sur laquelle elle était emboutie, s'inclinait lamentablement, sous l'effort d'une tempête violente. La vierge restait là, la tête en bas, comme retenue par les pieds. La toiture du bâtiment s'en est allée en partie, sous les coups répétés des projectiles, ses murs sont écorniflés, éventrés, percés à jour.

La façade, quoique moins exposée à l'arrivée des projectiles, offre quantités d'éraflures, aux colonnes du porche ; ses superbes portes quoique très abimées, ferment encore l'entrée. La grande mosaïque du Sacré-Cœur est en partie arrachée. La loggia n'a pas été atteinte. Le raccordement du clocher à la nef, offre, du côté de l'épître, une brèche énorme qui isole ces deux parties de l'édifice.

Le vaisseau a des plaies graves à la droite du visiteur, du côté du presbytère. Dans le mur extérieur, en face la chaire, un obus a creusé une brèche qui, s'ouvrant à environ trois mètres du sol, a au moins trois mètres de hauteur. C'est le même obus qui a abattu un pilier à l'intérieur.

Le transept est extrêmement détérioré, sur le mur qui fait face au visiteur, montant vers la sacristie, il offre plusieurs trous béants.

La sacristie est absolument effondrée et son dallage même a été raviné.

La maison du sacristain et la salle des conférences ont été presque détruites, la cour, derrière la chapelle absidiale, est remplie de leurs décombres.

Presque toute la magnifique toiture de l'église est tombée et une moitié du lanterneau, qui la surmontait à son milieu, a disparu.

Tous les vitraux sont pulvérisés et il ne reste rien des armatures en plomb qui les garantissaient contre les jets de pierre.

Quant au clocher, sa base solide lui permit de résister jusqu'à la hauteur des galeries extérieures, mais la partie supérieure a horriblement souffert, assez même pour inquiéter sur sa résistance prolongée à de nouvelles attaques et même pour sa conservation.

Sur la face Est, il offre un grand trou ; au-dessus de l'horloge, trois autres trous ; l'escalier de pierre a été coupé, il n'a plus de pied, une partie de ses marches reste encore accrochée au gros œuvre ; une des petites tourelles a été détruite.

Les cloches sont tombées ; le bourdon, autant qu'on peut se rendre compte (car on ne peut plus y monter) est retenu, entier ou brisé, sur les poutres qu'une sage précaution de l'architecte avait placées au-dessous de lui, pour le recevoir en cas d'accident. La petite cloche, dite de l'*Angelus*, n'a rien eu.

La façade Nord du clocher a été très éprouvée ; une des petites tours qui la flanque est presque détruite.

Du dôme métallique qui couronne le clocher et que surmonte la Vierge, il ne reste plus aucune des feuilles de revêtement ; les secousses des obus les ont jetées au loin. Le cerceau de fer qui les soutenait lui, est resté, mais il s'est affaissé sur lui-même, de sorte que le socle de la Vierge repose maintenant directement sur la pierre qui supportait cette armature de fer.

Quant à la Vierge de cuivre martelé, œuvre hardie et symbolique de Roze, on espère que l'armature résistera et qu'à moins de complications, cette belle œuvre sera sauvée. »

Pour le moment, écrivait alors M. E. Croisille, à la suite d'une conversation avec M. Godin, qui revenait de visiter les ruines de la Basilique, pour le moment, la Vierge semble vouloir nous passer son divin enfant. Qu'elle le fasse, c'est Lui qui nous manque, lui que nous avons chassé. Il semble se précipiter vers nous, pour nous rendre avec lui-même tout ce qui nous manque, faute d'avoir su le conserver !

Inutile de dire qu'à l'intérieur de la Basilique la dévastation est complète. Plus de vitraux aux rosaces et aux baies, plusieurs des magnifiques pilastres en stuc qui soutenaient la voûte sont détruits, les mosaïques pilées et les orgues ne sont plus. C'est un chantier de démolitions, ce n'est plus un sanctuaire. Les albertins, disait un architecte, peuvent malheureusement en faire leur deuil. Le mal est irréparable, la Basilique sera à reconstruire.

Mais les Allemands craignent de n'avoir pas parfait l'œuvre néfaste, ils continuent à tirer. Voici le relevé des bombes reçues par l'infortunée cité : le 16 janvier, 6 obus ; le 17, 55 obus dont la plupart sont encore pour la Basilique ; le 18, 10 obus sur le quartier du Marché-aux-Moutons ; un évacué de Miraumont est tué et sa belle-mère blessée. Le 19 janvier, 4 obus tombent au chemin de Bécourt. Le 22, il tombe 18 obus et 50 le lendemain ; le 30, il en tombe 10. Et le mois de février n'est guère différent. Les quatre premiers jours voient respectivement tomber 2, 9, 12 et 50 obus. Le 5 et le 6, il en tombe encore une soixantaine, à partir de 2 heures du matin.

M. Sauret, sous-préfet, fut témoin de ce bombardement du 6 février, et il a tenu à noter la scène tragique dans une lettre adressée à M. F. Monchy qui avait été quelque temps son hôte à Albert. Voici cette lettre :

Département de la Somme.

ARRONDISSEMENT DE PÉRONNE.   *Bray, 7 février 1915.*

Le Sous-Préfet.

CHER MONSIEUR,

J'ai assisté, hier samedi, à un spectacle véritablement diabolique qu'il faudrait être le Dante pour pouvoir décrire : l'agonie de la Basilique de N.-D. de Brebières, sous l'avalanche de ce que la bonne humeur française qui n'a pas perdu ses droits, même dans cette guerre, appelle les « marmites ».

Nous étions là, au coin de la rue de Bapaume, une vingtaine de personnes, des militaires et quelques habitants d'Albert (dont Dumeige-Denis, Deflaque, Froment, fidèles qui n'ont jamais quitté la ville) saisis par la sauvage grandeur du spectacle.

Sans penser même qu'il suffisait d'un déplacement de 200 mètres pour être tous réduits en bouillie, nous regardions fixement l'église dès qu'un obus faisait entendre son sinistre sifflement et, très nettement, nous pouvions voir l'infernale machine — une grosse bouteille noire — arriver sur les cloches, y exploser avec un horrible fracas, dans un immense nuage de fumée rouge de la poussière des briques pulvérisées.

L'énorme nuage se disperse, le clocher réapparaît laissant voir une nouvelle blessure : il fait penser alors à ces tours que construisent avec des cubes de bois les mains enfantines : les morceaux s'en détachent successivement sous les projectiles, jusqu'au moment où s'écroule l'édifice sapé par la base. De même s'effondrera le clocher qui, déjà, n'est plus qu'une ruine.

J'ai vu tomber là hier, en une heure, une quarantaine d'énormes obus : quelques-uns manquent le but et vont éclater dans les ruines de la place ; d'autres tombent sur le corps même de l'église.

Tout cela offre une lugubre vision de décombres chaotiques où l'on trébuche à chaque pas dans des crevasses et des entonnoirs. A droite, dans un amas de débris, couché comme une bête au repos, un « crapouillot » de 15 centimètres, non éclaté, semble vexé de n'avoir pas contribué à l'œuvre dévastatrice.

Œuvre de destruction stupide, dont on cherche en vain les raisons. Rage d'impuissance ou expression d'un sectarisme religieux que ne comprendraient pas les fils d'Othman eux-mêmes !

Spectacle odieusement fantastique que je regrettais de ne pouvoir filmer pour apporter une nouvelle preuve vécue, certaine, de cette barbarie teutonne, cruelle même pour les pierres de France.

De tous les spectacles les plus terribles auxquels j'ai assisté depuis quatre mois, celui-là est un de ceux qui me laissent une des plus fortes impressions. Si imparfaitement exprimée qu'elle soit, j'ai tenu à vous en faire part.

Croyez, cher Monsieur, à mes sentiments les meilleurs.

P. SAURET.

La Basilique n'est pas seule atteinte au cours de ce bombardement effréné, tout ce qui restait du presbytère est jeté à bas, et le quartier du Marché-aux-Moutons, épargné jusqu'alors, reçoit cette fois une avalanche d'obus. Les habitants ne pouvant se confier en leurs caves, préférèrent se sauver dans les champs, où on les vit camper auprès des meules, en groupes faméliques et apeurés, tableau vivant de la misère humaine et de la détresse totale. Que de larmes furent répandues alors, et que de sang aussi !...

Rue de Bapaume, Mme Goizet est tuée dans sa maison. Non loin de là, un jeune homme meurt écrasé sous les ruines de son logis subitement écroulé sous la rafale.

En maints endroits on relève des blessés plus ou moins grièvement atteints.

Ce qui restait de l'Hôtel de Ville est mis en miettes ; sur les voies publiques des monceaux de décombres alternent maintenant avec les trous qu'ont creusés les projectiles. Au centre de la place d'Armes, l'une de ces excavations a plus de 4 mètres de diamètre.

Autour de la Basilique, que d'autres ruines ! L'*Abri Notre-Dame* est par terre et devra être entièrement reconstruit. Le personnel et la plupart des pensionnaires se sont transportés provisoirement au Crotoy avant de se fixer rue de Metz, à Amiens. — La Maison Jeanne d'Arc, patronage de jeunes filles dirigé par un groupe de dames d'Albert, a été entièrement détruite dès le premier soir du bombardement. — Le pensionnat de Mᵐᵉ Boitel est brûlé, et le pensionnat de Mˡˡᵉ Cordier complètement anéanti. — L'école libre et le patronage de garçons ont beaucoup souffert ainsi que les deux maisons vicariales.

En février encore, le bombardement continue par intermittence, on compte le 8, 23 obus ; le 9, 15 obus dont plusieurs abiment le clocher ; le 12, 23 obus ; le 16, 12 obus, deux soldats sont tués ; le 18, 10 obus rue de Bécourt ; le 20, 12 obus ; le 23, 8 obus sur l'usine à gaz ; puis il y a une accalmie jusqu'au 21 mars où l'Hospice reçoit un arrosage en règle, nous en parlerons plus loin.

M. Maurice Leclercq, dans le journal *L'Eclair* du 23 février, nous fait part de ses impressions, après la visite qu'il vient de rendre à la cité martyre : C'en est fait maintenant : Albert compte définitivement parmi les villes mortes : Louvain, Reims, Arras, Malines... Trois mois de bombardement intermittent, et ce bouquet : la destruction de la basilique, ont terminé l'œuvre commencée. Albert n'est plus. On y chercherait en vain trois maisons restées intactes. Ce qui était ses rues se confond avec ce qui était ses rangées de maisons, dans un amas de moellons, de pans de murs abattus et de décombres pareils. Il n'y a plus que des soldats — clairsemés — et quelques acharnés pour hanter ces ruines.

Que sont devenus ces héroïques habitants que j'avais admirés après les deux premiers bombardements mais que je ne retrouve plus aujourd'hui qu'en nombre si diminué ? Se sont-ils résignés à partir d'eux-mêmes, quand leurs demeures ont été atteintes à leur tour ? Les nouveaux ordres d'évacuation, plus strictement appliqués, leur ont-ils, cette fois, été impossibles à enfreindre ? Ou, plus mystiquement, ont-ils désespéré de leur ville quand la vierge de Roze s'est inclinée du haut du clocher, la dernière semaine ?

Ah ! ces ruines d'Albert, comme elles m'apparaissent différentes de celles déjà vues à Creil, à Senlis, ailleurs encore, où les incendiaires germains étaient passés ! Là-bas, les murs restaient debout avec leurs fenêtres béantes, à peine noircis au dehors, persistant à dessiner sur le sol la quadrature de ce qui avait été des maisons, à l'orée des jardins où l'arrosoir était encore sous la tonnelle et où l'herbe n'avait pas encore eu le temps d'envahir ses allées. Ici, plus rien de distinct : un chaos. De cette maison, un pignon seul est resté debout ; le second s'est écroulé dans le verger, tandis que le toit glissait dans la rue. De cette autre il ne reste qu'un amas de plâtras, comme d'une paillotte de pisé qu'aurait secouée un tremblement de terre.

Qui donc a écrit que ces ruines ressemblaient à celles des villes enterrées : Timgad, Pompéi, Diemila de Kabylie. Que cette comparaison me semble erronée ! Dans ces nécropoles, un ordre subsiste, des fûts de colonnes, encore debout, continuent de tracer des allées ; tout a été rasé par le cataclysme, souvent à une hauteur constante du sol. Ici, au contraire, tout est désordre, dispersion, inégalité. »

Cette fois, la kulture allemande a donné sa mesure ; son nouvel exploit peut s'inscrire à côté des monstrueux bombardements de Reims et autres lieux particulièrement dignes du respect de belligérants civilisés !

CHAPITRE XI.

Les larmes sur les ruines.

La Basilique de Notre-Dame de Brebières est donc, sinon irrémédiablement abattue, du moins très gravement endommagée : la Vierge Picarde a été outragée par les barbares.

Veut-on savoir quelle impression ce crime abject produisit sur les âmes chrétiennes ?

Si nous ne pouvons dépeindre la douleur cruelle de tous ceux — et ils sont légions — qui pleurèrent en silence, relevons au moins quelques-unes des explosions d'indignation qui se firent jour quand fut consommé le martyre de la Basilique.

Voici ce qu'écrivait au journal *La Croix*, un soldat placé non loin d'Albert, et qui de son poste, ne voyait plus la Vierge très fortement inclinée.

« C'est fait : la Vierge d'or d'Albert est tombée, la belle Madone au beau geste d'offrande, qui tendait si haut dans le ciel son petit Jésus au bout de ses bras ; ils l'ont abattue ce matin.

J'ai la gorge serrée de chagrin. Depuis que nous sommes là, ce rayon doré qui brillait sur la tour rouge et blanche consolait et nos cœurs et le triste horizon. L'église, quoi qu'on en ait dit, était fort endommagée mais la tour restait presque intacte, avec sa Vierge. Or, depuis deux jours, les Allemands s'acharnaient sur la pauvre basilique, ajourant largement le clocher à coups d'obus, faisant sauter l'abside. Vendredi, à 3 heures de l'après-midi, la coupole volait en éclats et la Vierge s'inclinait à droite sur son socle. Hier, la tempête arrêta le tir de ces sadiques. Ce matin, ils se remettaient à l'ouvrage. Bientôt, un camarade criait : « La Vierge est tombée, la Vierge est tombée ! » J'ai couru au bout du champ. C'était vrai, Notre-Dame de Brebières n'était plus là. Oh ! les lâches !

Je me suis adossé au mur d'une maison détruite et je suis demeuré là, à regarder, transi de froid, mais sans pouvoir m'arracher à ce spectacle d'une mélancolie infinie. Plus de Vierge là-haut, à dominer nos misères ; la Vierge, notre Vierge, seule chose douce à voir en ces pays que la guerre rend sauvages. Oui, j'ai du chagrin, je vous le

La Nef et le Grand Orgue avant et après le bombardement.

jure. Comme folles de colère, nos batteries lançaient leurs rafales précipitées. En même temps, les obus allemands tombaient toujours sur le sanctuaire à intervalles réguliers.

Le clocher ou sa carcasse tient encore, mais ils finiront peut-être par l'avoir demain, s'ils vont jusqu'au bout de leur rage satanique. Et je lisais justement, hier, dans la *Croix*, que nous fêtons aujourd'hui l'anniversaire des apparitions de Pontmain. La Vierge Marie, ainsi outragée, ne vengera-t-elle pas son image et nos armes ? Ne prendra-t-elle pas notre parti ? N'aura-t-elle pas enfin pitié de nos souffrances ? Car les soldats souffrent immensément. Jamais on ne s'imaginera, à moins d'en être témoin, ce qu'on endure dans les tranchées. Jeudi soir encore, à B..., où j'assistais, tout en travaillant à ma corvée, à la relève, je me répétai cela en frôlant une à une les ombres silencieuses — et mouillées ! — qui disparaissaient par les boyaux. Nous étions sur la lisière d'un bois ; les balles cassaient des branches en sifflant au-dessus de nos têtes ; il tombait une petite pluie fine qui coulait comme une sueur sans fin sur nos figures et sur nos mains, et le canon parlait sur les deux bords. Parce que j'ai eu l'esprit barbouillé de littérature, je pensais à Musset qui a écrit « les Nuits ». Ah ! se peut-il qu'il y ait eu jamais des nuits calmes et parfumées ?

N'allez pas trop mal juger de mon état d'âme en lisant ces lignes qui ne sentent pas le courage. Je suis toujours vaillant quand même, allez ! Seulement, c'est ma Vierge qui est partie et que j'aimais... Qu'est-ce qu'ils ont donc dans la peau, ces animaux-là, pour taper ainsi sur des villes mortes et sur des cathédrales ? A quoi donc cela leur sert-il, sinon à assouvir une rage par ailleurs impuissante. Ils sont inexplicables... »

D'autre part, M. le chanoine Coubé écrivait dans l'*Idéal* de janvier :
« Le forfait est consommé. La splendide basilique de N. D. de Brebières n'est plus qu'une ruine. La statue d'or de Marie qui dominait l'horizon et que les voyageurs aimaient à saluer de loin a été abattue par les obus allemands.

La France avait mis là son or, son art et son cœur. Le bon Mgr Godin y a dépensé des millions. Heureusement il n'est plus là, il mourrait de chagrin de voir périr l'œuvre de toute sa vie. Le monument n'était pas seulement d'une richesse inouïe ; il était beau, merveilleusement beau ; il chantait Marie dans son style moderne, et pouvait rivaliser avec les cantiques de pierre de nos vieilles basiliques. Les humbles, les pauvres de toutes nos provinces lui avaient envoyé leur offrande. L'or de son incomparable statue était fait d'une infinité de petits sous. Et toutes ces merveilles disaient l'amour de notre nation envers sa Reine.

Ses ruines disent la haine d'une autre nation contre Marie et contre la France. Les Allemands n'avaient aucun intérêt stratégique à faire ce bombardement.

Si un de leurs obus, lancé contre la ville, avait abattu par hasard la statue, nous n'aurions qu'à déplorer un malheur, mais nous ne pourrions le leur reprocher. Mais ils l'ont fait exprès : ils ont visé pendant des jours la Basilique, la tour gigantesque qui servait de piédestal à la Vierge.

Son geste maternel qui s'étendait sur les campagnes de France, les bravait, les irritait. Ils sentaient que des millions de prières montaient chaque jour vers la Madone et qu'il tombait de là-haut du courage, de l'espérance, des bénédictions.

Allons, les reîtres, abattez cette Vierge que Luther a maudite et qui a le tort impardonnable d'aimer la France ! Et les obus luthériens se sont acharnés sur la chère Madone, sur son petit enfant qu'elle présentait au monde dans un geste gracieux et sublime.

Il est une autre Vierge que les Allemands détestent plus encore : c'est celle de Lourdes. Ces dernières années, leurs intellectuels ont fait une campagne furieuse contre ses miracles. Leurs journalistes l'ont odieusement blasphémée. Ah ! s'ils pouvaient l'abattre !

Cette guerre est bien décidément dirigée non seulement contre la puissance de la France, mais contre son esprit, sa civilisation, ses traditions et son cœur. Ils cherchent à meurtrir ce cœur en tuant ce qui lui est le plus cher. Il ne suffisait pas de massacrer les femmes et les enfants de la terre : ils ont voulu tuer cette femme céleste et ce petit enfant divin.

Ah ! cela vous portera malheur, o misérables ! Accumulez les crimes contre le ciel et contre la terre, contre la France d'en bas et contre la France d'en haut. Tout cela se payera ! Marie vengera son honneur et le nôtre.

Qu'on veuille bien me pardonner ici un retour sur moi-même. Cette Vierge de Brebières, je l'aimais d'un amour singulier. Quand je passais par Albert, je ne manquais pas de me pencher à la portière pour l'apercevoir, la saluer et lui envoyer une rapide prière, car elle me rappelait un souvenir très doux. C'est en 1901 que l'église fut érigée en basilique par Léon XIII et des fêtes splendides eurent lieu à cette occasion.

Mgr Touchet et M. Morelle, devenu depuis évêque de Saint-Brieuc, y chantèrent éloquemment, l'un le couronnement de Marie, et l'autre les orgues de son église. J'eus le très grand honneur de dire l'histoire de Notre-Dame de Brebières et la signification de la nouvelle Basilique, devant un incomparable auditoire d'évêques et d'archevêques, et, de ce jour je vouai à la Vierge d'or un très humble et très tendre amour. Et c'est pourquoi j'ai pleuré en lisant la belle et douloureuse lettre de la « Croix » qui raconte le grand désastre de Brebières. Il est impossible de mieux dire la douleur de la France. »

S. C.

De son côté, M. Fernand Monchy, jetait ce cri d'indignation dans la *Chronique Picarde* du 24 janvier 1915 :

« Les barbares ont achevé la Basilique d'Albert. Les premiers jours du bombardement elle avait relativement peu souffert. La chapelle des catéchismes et la sacristie avaient été plus particulièrement atteintes. Plus tard, la toiture du transept fut enlevée et quelques obus éclatèrent dans l'Eglise et dans le clocher. Jusqu'au commencement de janvier, de l'avis même des architectes, tout était réparable.

Le jeudi 14 et le vendredi 15 janvier, l'Eglise était l'unique but d'un bombardement d'une intensité folle. Le dôme qui soutenait la Vierge du clocher vola en éclats. La toiture de la nef fut, non pas incendiée, mais projetée au loin. Toutes les maçonneries furent ébranlées et horriblement trouées. Le clocher fut traversé de part en part et la grande Vierge dorée qui, dans un geste sublime, semblait ravir au Ciel le Fils qu'elle offrait à la terre, pend lamentablement, retenue seulement à son piédestal par quelques boulons épargnés. On m'affirme que des pilliers intérieurs de la nef sont jetés par terre. La Basilique d'Albert est détruite.

Les communiqués officiels du grand Etat-Major allemand enregistreront-ils cette victoire : « Notre artillerie a détruit la Basilique d'Albert où était vénérée depuis des siècles une Vierge miraculeuse ». Ils auraient tort de l'oublier. L'Eglise n'est-ce pas le temple de Dieu et de sa Justice, le berceau des plus hautes aspirations de l'âme ? Et, par contre, la barbarie ne craint-elle pas la justice et l'amour et l'abject ne haït-il pas le sublime ?

Ainsi s'écrit une nouvelle page au Grand-Livre des hontes qui déshonorent les peuples. N'était-ce pas assez ! La glorieuse Belgique pour avoir refusé de manquer à l'honneur, la France pour être restée fidèle à sa mission traditionnelle, ont vu envahir leur territoire, assassiner les civils, violer les femmes, martyriser les prêtres, enfermer un cardinal, détruire leurs églises et leurs cathédrales. Si encore, l'Allemagne, dans son orgueil, avait la sincérité de sa folie imbécile ! Si elle avait déclaré la guerre à Dieu lui-même..... Mais le sinistre empereur a toutes les fourberies d'un Hérode et le « Gott mit uns » n'est que l'écho fidèle de la recommandation fameuse du roi de Judée aux pieux Mages : « Informez-vous exactement de l'Enfant afin que moi aussi j'aille l'adorer. »

Guillaume II, nouvel Hérode, le rapprochement n'est pas si extravagant. Il y eut un Hérode qui ordonna le massacre des Innocents et il y en eut un autre que rendirent célèbre ses persécutions sanglantes et qui fit enfermer le premier Pape. Combien de têtes blondes sont tombées et combien de prêtres assassinés sur la permission sinon l'ordre de l'Empereur d'Allemagne ? Mais celui-ci n'eut pas le Pape et se contenta d'un Cardinal.

Cette persécution religieuse qui apparaîtra à l'histoire impartiale comme un des caractères de cette guerre, ne saurait nullement nous étonner. Un peuple dont la vie morale a puisé à toutes les erreurs du paganisme en est arrivé à cette conception que la Force prime le Droit, l'Honneur et la Liberté. Cette suprématie de la Force — à condition qu'il la détienne — il la légitime par une « kultur » que son orgueil affirme supérieure et que son épée doit imposer à l'humanité ; il n'a pas inventé cette théorie mais il essaye de la justifier plus scientifiquement et il l'affirme avec d'autant plus d'audace qu'il a plus de canons et que sa poudre est plus sèche.

Voilà un fait ; en voici un autre.

Il y a dix-neuf siècles, un enfant du peuple naissait dans une crèche où vinrent l'adorer des bergers et des rois. Devant le vieux monde étonné, il allait proclamer les droits et les exigences de la Justice éternelle en même temps que l'inviolable dignité de la conscience.

Désormais le progrès humain apparaîtrait aux hommes comme l'acheminement vers deux idéals, différents, opposés, dont l'un devait consacrer le définitif triomphe de la Force, et l'autre le règne de la Justice dans la Liberté et dans l'Amour.

Le conflit était né qui allait diviser l'humanité durant des siècles et dont le Christ voulut être la plus auguste et la première victime.

Choses étranges et mystérieuses diront les uns, conséquences directes des lois imprescriptibles de la Providence et fatal recommencement de l'histoire diront les autres : retournez toutes les pages de l'histoire du monde et dites-moi s'il est vrai que chaque fois que la suprématie de la Force fut proclamée comme un dogme, la Justice, la Liberté et l'Amour furent méconnus et si, à chacun de ses triomphes, correspondit immédiatement un fléchissement de la conscience morale et une régression sociale. Car la Force, la force brutale, celle que déifie l'Allemagne moderne, a besoin pour s'imposer de briser et d'anéantir d'autres forces morales qui sont au cœur de l'homme. Elle ne peut coexister avec la Foi, puisque la Justice est un attribut de la divinité, avec la Charité, parce qu'elle a trop souvent la haine pour complice, avec la dignité et la liberté humaines, puisqu'elle aboutit naturellement à l'esclavage.

Ainsi la passion antireligieuse est bien une conséquence de cette conception erronée de la Force.

La cathédrale de Reims que selon un beau mot « ils n'ont fait que rendre un peu plus immortelle », la Basilique d'Albert, miracle des temps modernes, et tant de modestes églises de villages, sans beautés architecturales, mais que nous respectons avec les siècles comme le reliquaire sacré de tant de souvenirs, tout cela, un peuple de bandits l'a détruit et c'est logique.

Sur la grande scène du monde, la « Kultur » allemande ne pouvait envier plus merveilleuse apothéose : à la lueur des incendies, du sang et des ruines que dominent encore et malgré tout les croix renversées et les vierges brisées.

O Vierge de Brebières, j'aurais voulu n'évoquer jamais votre nom qu'avec des mots d'amour ! Mais il est des indignations légitimes et saintes car Dieu est juste.

Dans les réalités matérielles où l'art et la foi s'étaient associés pour fixer votre image dans le marbre ou le bronze, et comme pour concrétiser vos miséricordes et vos vertus, il semble que vous ayez voulu souffrir comme votre peuple et avec lui.

Stabat Mater, j'avais écrit toutes nos espérances !

Et maintenant ?

Maintenant, nous irons, pèlerins désolés, nous agenouiller encore dans votre temple détruit, au pied de vos autels brisés. Au milieu des ruines, nous prierons. Nous évoquerons ces trente ans de vie religieuse intense et de confiant labeur. Pierre par pierre, nous découvrirons pieusement la dalle de marbre sous laquelle repose le Bâtisseur de Notre-Dame, afin que les générations futures et nous, ses fils, ayons la consolation d'aller encore y déposer un hommage et une prière. Là nous revivrons vraiment les incomparables fêtes d'antan, les grands pèlerinages et les foules priantes, toute l'histoire de cette œuvre de géant, si intimement mêlée à l'histoire d'Albert, le bel élan des générosités princières comme le sacrifice et la beauté des petites offrandes ou des dons anonymes, le dévouement et le talent des Duthoit, des Bernard, des Roze, des Delaplanche, des Grellet, des Facchina, enfin toutes les impressions profondes de l'âme qu'on laisse dans son Eglise.

Et parmi ces souvenirs et ces ruines, nous croirons encore, O Vierge, que le miracle naît d'un sourire de vous..... »

Citons aussi la belle page de regrets qu'écrivit (*Chronique Picarde* du 24 janvier) la fine plume de M. Gaston Chantrieux, sous ce titre : la Vierge est tombée :

« La radieuse image de la vierge de Brebières, élevant son divin Fils, déjà crucifié par son geste d'amour avant que de l'être sur le bois de la haine, planait encore, malgré les obus, sur l'infortunée cité picarde, où l'érigèrent la foi d'un apôtre et le prestigieux talent d'un de nos concitoyens. Elle semblait là au-dessus de tant d'horreurs, et de ruines accumulées, bénir les cœurs en détresse, et, de bien loin, crier grâce à nos bourreaux.

Mais c'en est fait de cette apparition séraphique dans nos cieux rayés d'implacables vols. Les bandits qui massacrèrent la merveille de Reims et menacèrent Notre-Dame de Paris, ne pouvaient respecter ce groupe auguste, qu'Attila eut salué du glaive, cette ascension éblouissante qu'on croyait immobilisée dans l'azur, cet offertoire sublime de la Reine et de la Mère, tendant, vers les horizons, la frêle croix de chair, du plus beau des enfants des hommes !... Et la vierge de Brebières, sous les marteaux sinistres qui retentissaient dans nos cœurs, est tombée de la robuste tour, dont les cloches étaient depuis longtemps muettes, et que balafraient de sacrilèges blessures.

Quelle âme de picard ne saignerait à cette douloureuse nouvelle ? Quels yeux n'y trouveraient encore des larmes ?...

Car la Vierge, hier triomphante, aujourd'hui martyre et couchée sur un lit de décombres, était d'une inspiration magnifique, d'une beauté inoubliable, et semblait, sur nos campagnes paisibles, une vision souveraine, un magique appel vers Dieu, un réconfort du labeur, un sourire aérien, un palladium de grâce et d'exquise douceur !

Evoquons, bien tristement, hélas ! quelques-uns des traits de ce chef-d'œuvre de l'art et de la piété picarde que devaient seules effleurer les joyeuses hirondelles, et qu'un oiseau de fer a renversé dans son aveugle rage, après avoir labouré le ciel.

Sur le globe vermeil qui terminait le clocher, la Madone, drapée dans sa tunique harmonieuse posait son pied infatigable, pôle céleste, piédestal des colonnes sacrées qui portèrent le temple divin, et coursier de notre félicité éternelle. Les bras qui étreignent le démon, embrassent l'humanité et emprisonnent un Dieu de leurs nœuds d'amour, s'élevaient comme pour supporter une amphore précieuse, et tenaient bien haut, enchassé dans les doigts délicats, tel un ostensoir vivant, Jésus, la souveraine Hostie !

Dans l'ogive de ces bras miraculeux, la tête grave, aimante, était légèrement penchée, et regardait l'abîme avec la sûreté d'une colombe faite pour le domaine de la lumière. La Vierge semblait ainsi se reculer pour offrir au premier plan son Jésus, au corps d'un modelé merveilleux, signant le ciel de la croix de ses petites jambes accolées et de ses bras étendus, aux doigts écartés par l'infini désir qui veut étreindre...

Car Il a soif et faim de nos âmes et Il y esquisse déjà le geste rédempteur dans la posture du suprême holocauste du calvaire !

Puis, miracle de splendeur, leur chair, comme transfigurée, était d'or, et le soleil y allumait des radiances magnifiques !...

L'indifférence la contemplait avec surprise, la foi avec ravissement, l'innocence avec extase, la douleur avec un sourire d'espérance !

Oui, notre Vierge était comme le dernier grain de ce rosaire de statues aériennes, dont la piété a semé notre pays depuis Notre-Dame de la Garde qu'encensent les flots de la mer bleue, jusqu'à celles de Lourdes et de la Salette, que révèrent les montagnes, ou celle du Puy qui fait son trône d'anciens cratères. Mais cette Vierge si belle, cette reine exorable, cette mère si compatissante, dont les larmes éteignent la foudre et plaident les plus noirs forfaits, Elle qui fut respectée des bourreaux de son Fils, n'a pas trouvé grâce aux yeux de nos implacables ennemis...

Picards ! Votre triomphante Vierge dorée, frappée par le fer du barbare, est tombée de cette cîme splendide dont chaque pierre était l'offrande du pauvre, l'acte de foi du chrétien, l'ex-voto du malade, le sanglot du cœur broyé, la prière concrète du vieillard et de l'enfant !.. Elle symbolisait bien haut, elle criait par le ciel votre amour et votre confiance !... Ne vous scandalisez point de sa chute et de son martyre ! La Reine des Anges n'a pas voulu sans doute trôner si haute et si claire et jeter l'illumination de tant d'or sur la misère de vos ruines ! Elle a permis que l'obusier criminel la couchât sur le sol dont elle reste la divine protectrice, ôtant ainsi à ses destructeurs tout espoir de pardon ! Elle a suivi dans leur chute épouvantable les glorieuses vierges de Reims et les humbles croix de nos clochers de campagne bombardés !

Demain, nos bras aimants la relèveront de la cendre où gît son or souillé ; demain elle refera une Assomption de gloire, au chant des cloches ressuscitées. Et, avec Elle, nos âmes monteront remercier le Christ qui aime les Francs, après que justice sera faite et que nos étendards, troués d'étoiles par les combats, porteront les dates éblouissantes du salut de la Patrie !...

Gaston CHANTRIEUX.

Dans un magistral article (*Chronique Picarde* du 5 février 1915) l'architecte amiénois très estimé, l'auteur des églises Jeanne d'Arc et du Sacré-Cœur, pour ne parler que de ses dernières créations, M. E. DOUILLET, dit lui aussi la douleur ressentie par les cœurs chrétiens et les artistes, puis il parle surtout des espérances qui demeurent. Citons au moins cette partie de son article.

« Aux amis désolés de l'œuvre, à ceux qui se rendent compte de tous les éléments (indépendamment des ressources pécuniaires) qui sont nécessaires à la reconstitution d'une telle œuvre, je dédie ce récit de Mgr Godin parlant de son architecte : « Je lui avais à peine annoncé l'idée mère de cette œuvre, qu'il me l'apportait réalisée et au-delà, dans les magnificences d'un projet qui n'a guère changé... Un jour, il arriva tout rayonnant de joie et, déposant sur mon bureau un énorme dossier, il me dit : « Maintenant, je puis mourir, voilà votre église. »

Aujourd'hui il aurait pu ajouter : votre église peut périr, le germe de sa vie est conservé.

Après l'âme de l'apôtre au verbe enflammé et au grand cœur qui en a été le premier souffle créateur, l'essence de la vie de l'œuvre, son âme et son corps esthétiques, ne sont-ils pas tout entiers dans ce dossier qui faisait un jour, autant que l'œuvre construite elle-même, l'admiration d'une société d'architectes venus pour visiter le monument ? Tout est renfermé dans ces feuillets précieusement conservés :

architecture, décoration, peintures murales et jusqu'au merveilleux mobilier.

Il y a plus encore, et quelle garantie pour sa reconstitution que l'interprète le plus autorisé, l'héritier du nom et du talent de l'auteur qui survit en lui. Près de lui nous voyons encore les dignes collaborateurs du maître, M. Bernard dont la part a été si considérable, puis c'est notre sculpteur amiénois, Albert Roze, l'auteur de la Vierge dorée du clocher, des S. Gervais et Protais et autres chefs-d'œuvre qui, nous voulons l'espérer encore, ne seront pas entièrement perdus... Et s'il fallait les refaire il ne refuserait pas le labeur.

En ce qui concerne les ressources matérielles, des paroles gouvernementales ont été dites dont il faut prendre acte et noter tout au moins les bonnes intentions. Elles sont caractérisées par cette éloquente déclaration de M. Mirman, préfet de Meurthe-et-Moselle, qu'il faut répéter ici : « Le spectacle de ces ruines fumantes m'impose un devoir : habitants de Badonviller et autres communes éprouvées, je prends devant vous un double et solennel engagement : vos maisons seront reconstruites... puis vos églises seront restaurées et si elles doivent l'être par souscription publique, je prends l'engagement au nom de ma race, dont je connais bien l'âme, qu'à cette souscription pas un français ne manquera, catholique ou libre-penseur, protestant ou israélite, puisque tous aujourd'hui forment contre le barbare un bloc de ciment armé ».

Si tous les français doivent ainsi nous aider, combien à plus forte raison les catholiques des régions épargnées ? Et serait-il téméraire de fonder un espoir tout spécial sur les riches et glorieux sanctuaires des pèlerinages de Fourvières, de Notre-Dame de la Garde, de Lourdes, de Pontmain... qui viendront sûrement en aide à une basilique sœur, au sanctuaire martyr dont les ruines implorent un secours.

Non ces ruines ne seront pas délaissées. Nous n'en resterons pas sur le scandale de la Vierge outragée, apparemment vaincue par le luthérien. Ce serait désespérer de Dieu et des hommes.

La Picardie très fidèle ne faillira pas à son devoir. Elle vengera sa Vierge en relevant le sanctuaire, œuvre de sa foi et de son art. Vengeance pacifique qui n'empêchera pas l'autre tout aussi sainte réservée à notre armée, dont l'héroïque mission est de bouter dehors et châtier la race impie et malfaisante des ennemis de la Vierge et de la France. »

CHAPITRE XII.

A l'Hospice-Hôpital d'Albert.

Ce fut à la porte de l'Hospice que vinrent tout d'abord heurter les éclaireurs allemands, à leur arrivée à Albert, le samedi 29 août 1914. Nous avons dit ci-dessus comment sœur Antoinette s'était trouvée là pour leur ouvrir, comme elle l'avait fait déjà en 1870. Cette toute première visite à l'hospitalière maison ne pouvait manquer d'en présager d'autres et la mitraille allemande ne pouvait non plus manquer d'y pleuvoir, nos ennemis n'ayant pas pour habitude d'épargner ambulances et hôpitaux, non plus que les églises.

Au jour du grand bombardement du mardi 29 septembre, l'Hospice abrite un nombreux personnel. C'est d'abord la digne supérieure, sœur Vincent, née Léonie de l'Eglise, une vaillante femme d'une cinquantaine d'années qui est là depuis plus de dix ans. Née en Provence d'une illustre famille (1), elle a quitté le monde et les joies qu'il lui promettait pour se vouer aux pauvres, sous la blanche cornette des Filles de la Charité. Auprès d'elle sont neuf religieuses éprises elles aussi du plus beau dévoûment. -

Quarante-cinq vieillards et une vingtaine de bonnes vieilles forment l'effectif normal de l'établissement, auquel s'ajoutent une trentaine de blessés amenés là depuis quelques jours. Pour mémoire, rappelons qu'un orphelinat de jeunes filles est également confié aux sœurs de Saint Vincent de Paul, mais il occupe, en pleine ville, la maison léguée à la cité par M. Devaux. D'autre part, quelques membres de la communauté sont momentanément hors de l'Hospice. Sœur Marie a pris récemment la direction de l'Hôpital installé en toute hâte à l'Ecole Supérieure, et Sœur Madeleine, une vaillante picarde, dirige l'hôpital improvisé au pensionnat de Mlle Cordier.

---

(1) La famille *de l'Eglise* est une branche française de la noble Maison italienne della Chiesa, qui eut l'honneur le 3 septembre 1914, de voir l'un de ses membres accéder au trône pontifical : en la personne de Sa Sainteté Benoît XV, glorieusement et douloureusement régnant.

Le bombardement commence brutalement, et dès le début, l'imminence du danger n'est que trop visible ; les obus passent à jet continu au-dessus de l'Hospice pour aller éclater sur la ville. Sœur de l'Eglise installe tout d'abord ses vieillards dans les caves, et c'est là un travail peu aisé. Enfin toute la maisonnée s'y trouve rassemblée et y passe la nuit.

Les blessés arrivent sans cesse, les décès se multiplient et déjà la chambre des morts est comble. Voici venir encore un soldat cycliste très grièvement blessé, on ne sait plus où le loger, ou, pour mieux dire, où l'abriter. Six majors s'occupent de donner les soins nécessaires aux blessés couchés que l'on a forcément dû laisser dans les dortoirs ; les sœurs se multiplient pour suffire au surcroît de besogne qui leur incombe.

. Le mercredi 30, Sœur de l'Eglise fait diligence pour assurer une évacuation qui s'impose de plus en plus. Un officier consent à signer un bon de réquisition grâce auquel on pourra prendre dans la campagne les voitures nécessaires au transfert des blessés et des vieillards. Malheureusement les recherches n'aboutirent pas et les messagers partis dans les villages voisins, revinrent sans avoir rien trouvé.

Depuis de longues heures déjà les vieux et les vieilles pensionnaires étaient prêts à partir et se morfondaient de ne pas voir arriver les moyens de transport dont on leur avait parlé ; tous et toutes tournaient et retournaient désespérément leurs petits balluchons, et les religieuses avaient fort à faire pour leur rendre l'espérance. Enfin l'autorité militaire voulut bien intervenir, mais dans ces jours critiques les convois de l'armée étaient fort occupés et l'on ne put prêter pour le service de l'hospice que deux humbles voiturettes dont l'une était traînée par un âne. On juge du singulier voyage qui fut entrepris en semblable équipage. Une nouvelle avalanche de bombes vient encore retarder le départ, enfin comme il faut bien partir, on part, il est trois heures et demie. Quelques blessés sont installés tant bien que mal et plutôt mal que bien, dans les deux voitures, des vieux et des vieilles suivent à pied en s'étayant les uns les autres. Ils sont ainsi trente ou trente-cinq, hommes et femmes qui, sous l'égide des sœurs Marie, Madeleine et Germaine, se traînent, clopin-clopant, groupe lamentable, synthèse de toutes les misères du déclin de la vie, sur les routes désertes où tombent encore des boulets.

Une voiture de provisions suit la colonne, et les quelques vaches de l'Hospice ferment le convoi.

Comme bien on pense, malgré leur vif désir d'atteindre au plus tôt une région plus calme, les pauvres vieux et les bonnes vieilles n'avançaient pas vite. Leur fatigue extrême forçait à de nombreux repos, et les blessés demandaient des soins qui exigeaient des arrêts ; le convoi stoppait aussi par fractions, quelquefois, alors il fallait s'attendre. Or, il n'y a pas moins de 15 kilomètres à vol d'oiseau entre Albert et Corbie, but assigné aux pauvres voyageurs, c'est bien 17 ou 18 kilomètres qu'il faut compter, par la route qui serpente le long de l'Ancre et s'amuse à suivre les méandres de la gentille rivière. Comme le cortège n'a rien qui rappelle le vol de l'oiseau, tant s'en faut, on ne mettra pas moins de six heures pour arriver à la porte de l'hospice de Corbie, vers les neuf heures du soir.

Les Sœurs de Sainte-Marie qui desservent cet hospice, ont un moment d'effroi en voyant arriver semblable caravane en pleine nuit. Mais on s'explique vite, et bientôt tout le monde est casé pour la nuit et les pauvres pèlerins peuvent enfin prendre un repos dont ils ont grand besoin.

Le lendemain 1er octobre, arrivent aussi à l'hospice de Corbie les orphelines d'Albert qui, au départ de la maison Devaux, sont allées passer la nuit à Fouilloy. Pendant que l'on cherche à s'organiser pour loger tout le monde, survient un troisième convoi, ce sont des soldats blessés ; sans plus d'explication l'autorité militaire fait faire place nette et s'installe à l'hospice.

Les vieillards d'Albert sont alors abrités dans la salle du patronage paroissial et les orphelines reprennent la route de Fouilloy.

Mais tout le monde n'a pu quitter l'hospice d'Albert ; la maison est loin d'être vide ce 30 septembre : faute de moyens de transport les grands blessés, les grands malades et les impotents ont dû rester là, en attendant une occasion plus heureuse d'aller s'abriter ailleurs. Sœur de l'Eglise sera à leur service jusqu'au dernier instant, avec, pour compagnes, sœurs Joseph, Louise et Jeanne.

Le 2 octobre cependant, M. le sous-préfet Sauret se rend à l'hospice où tout manque à présent, même et surtout la sécurité. La situation n'est plus tenable. Surpris de voir qu'un hôpital aussi exposé aux coups de l'ennemi soit encore habité, M. Sauret veille personnellement au transfert immédiat de tout le personnel. Priant la sœur supérieure de monter dans son auto, il vient avec elle à Corbie pour chercher un logement où mettre le moins mal possible chaque catégorie d'évacués ; on arrive enfin, mais bien péniblement, à caser tout le monde.

Le mois d'octobre entier se passe ainsi, mais les pauvres vieux trouvent le temps bien long, et il leur tarde de réintégrer leur hospice d'Albert et de retrouver leurs chères petites habitudes de vie. Ce plaisir leur est accordé vers la Toussaint. On estime alors que le danger a disparu ou tout au moins a diminué, puis on commence à manquer de bien des choses ; l'Hospice d'Albert est donc réintégré.

Hélas ! au 21 novembre il faut fuir de nouveau sous la pluie de fer et de feu. Toute la communauté s'éparpille par petits groupes aux environs d'Albert. Mais le bombardement semble s'arrêter après avoir fait rage pendant cinq jours, et de nouveau chacun regagne le refuge aimé. Les ressources font totalement défaut, heureusement M. le Sous-Préfet veille et apporte des secours quand le besoin devient plus urgent.

Quelques bombes arrivent encore parfois sur l'Hospice, mais il n'y a pas trop de mal jusqu'au 21 mars, date où la mitraille recommence à pleuvoir pour de bon.

Vingt-cinq boulets atteignent l'établissement, frappant tout d'abord les dépendances, buanderie, salle des morts, etc. Un aéroplane ennemi survole l'Hospice, bientôt le tir est rectifié et ce sont les grands bâtiments, les salles des blessés qui sont alors visées.

La Sœur de l'Eglise se tient auprès d'une malade gravement atteinte, à qui elle s'efforce de faire un peu de bien, quand un obus, traversant la salle de part en part, bouscule terriblement le lit, blessant à nouveau la malade et contusionnant fortement aussi la Sœur Supérieure. Bientôt il y a du plus grave. Un seul boulet tombe sur un groupe de cinq vieillards qui sont littéralement hâchés.

Laissons à un témoin du drame le soin de nous le dépeindre ; voici ce qu'écrivait au journal *La Croix* (1), un prêtre du diocèse de Vannes, que ses fonctions de brancardier amenèrent à l'Hospice au moment tragique.

« En plus du service de l'infirmerie, nous assurons la garde d'un poste de secours. C'est à ce poste que je me trouvais, le lendemain même de mon arrivée, lorsque les Allemands ont bombardé l'Hospice d'Albert. Vous avez lu dans les journaux le récit officiel, très exact, de cet acte de barbarie, bombardement voulu par les Boches pour se venger d'un échec que nous leur avions infligé, et repéré par aéroplane. La Providence a voulu que je fusse le premier à péné-

---

(1) *La Croix* du 2 mai 1915.

trer dans l'établissement après la canonnade. Je me suis trouvé presque aussitôt, en pénétrant dans la partie atteinte, en face de cinq vieillards affreusement atteints : l'un d'eux était en feu, j'ai dû l'éteindre avec un seau d'eau ; les autres étaient tellement mutilés que je n'ai pu, d'abord, les compter : une vrai bouillie sanglante mélangée au plâtras et aux briques écroulées ! Triste spectacle pour mon premier jour de guerre ! »

M. le Sous-Préfet s'empressa de venir organiser les secours et préparer surtout une nouvelle évacuation qui, cette fois, sans doute, sera totale et durable.

M. le Préfet de la Somme, accompagné d'un officier supérieur, délégué par le général commandant en chef, vint, peu de jours après, féliciter la digne religieuse et ses compagnes.

Au mois d'octobre 1915, la Sœur Supérieure, alors retirée dans un village des environs et remise de ses contusions, reçut encore la visite d'un colonel d'état-major qui, en présence de deux religieuses et du curé de la paroisse, donna lecture de l'ordre du jour suivant :

Mme Léonie de l'Eglise (sœur *Vincent*), des Filles de la charité, Supérieure de l'Hospice d'Albert. « A montré sous le feu de l'ennemi un constant et admirable dévouement. Blessée par un obus en soignant des vieillards qui avaient refusé de quitter l'hospice. »

L'officier épingla sur la noble poitrine de sœur Léonie de l'Eglise, cette Croix de Guerre ornée d'une palme, qui récompense le plus souvent la vaillance des soldats mais qui certes n'est pas déplacée sur le cœur d'une femme comme celle-ci. Le colonel repartit en hâte pour aller décorer un peu plus loin, une autre religieuse, Mme Joséphine Kromer, sœur Marie de la Flagellation, supérieure de l'Hospice d'Harbonnières.

Instruit de la parenté qui rattachait sœur Léonie de l'Eglise au Souverain Pontife, Mgr de la Villerabel s'empressa de noter à Sa Sainteté la noble conduite de la sœur supérieure et de ses compagnes. En date du 2 décembre 1915, le cardinal Gasparri répondait de la part du Saint Père par la lettre suivante :

« La peine que le Souverain-Pontife a éprouvée en apprenant, par votre récente lettre, la désolation dans laquelle les douloureux événements actuels ont plongé la ville d'Albert, en votre diocèse, a été grandement adoucie par l'heureuse nouvelle des actes de zèle et de charité que les fidèles et surtout les membres des Congrégations religieuses ont accomplis dans les tristes circonstances présentes.

Il a été, en effet, bien consolant, pour le Saint-Père, de savoir que les Filles de la charité de Saint-Vincent de Paul, de la ville d'Albert, notamment leur digne Supérieure, *Sœur de l'Eglise*, se sont consacrées et multipliées, avec une abnégation et une tendresse admirables et au prix de grands sacrifices, au service des pauvres blessés.

Elles ont une fois de plus répondu à la sublimité de leur vocation et manifesté le dévouement, l'héroïsme, dont l'amour de Notre Divin Sauveur Jésus-Christ, rend capables pour les âmes.

Le Souverain-Pontife se plaît à en féliciter les Filles de la charité, et, d'une manière spéciale, leur vénérée Supérieure, dont le noble dévouement a été reconnu et récompensé, même ici-bas. L'insigne reçu sera pour elle un doux mémorial de son présent jubilé de vie religieuse.

En cette heureuse circonstance, le Saint-Père, s'unissant aux vœux des Filles de la charité de la ville d'Albert et de l'Evêque vénéré d'Amiens, accorde, avec effusion de cœur, comme gage de sa paternelle bienveillance et de l'abondance des faveurs célestes, à Sœur de l'Eglise et à sa communauté, le bienfait de la Bénédiction Apostolique.

Veuillez agréer, Monseigneur, l'assurance de mon entier dévouement en Notre-Seigneur. »

Nombreuses sont les religieuses décorées, plus nombreuses encore sont celles qui l'eussent été sans cette modestie traditionnelle qui fait cacher par ces saintes femmes le bien qu'elles font et les actes d'héroïsme qu'elles accomplissent le plus simplement du monde. Loin de rechercher d'ailleurs l'occasion de se distinguer, elles se confinent dans les plus humbles dévoûments, consacrant au soin des blessés et des malades leurs mains d'amies, leurs mains de fées, leurs mains de saintes :

> « Et c'est pourquoi tant de nos gâs,
> Se croyant revenus, là-bas,
>   Dans leurs chaumières,
> S'endorment en disant : « Maman »
> ...Tout en serrant, dévotement,
>   Leurs mains de mères ! » (1).

---

(1) Théodore BODREL, *Les mains bénies.*

CHAPITRE XIII.

L'espérance demeure.

Bien que très incomplet encore notre récit a relevé déjà bien des douleurs pour la cité picarde et pour ses habitants. Hélas ce calvaire n'était pas encore gravi jusqu'au sommet. Depuis lors, en effet, pas une semaine ne s'est passée sans que des bombes nouvelles ne soient venues ajouter des ruines aux ruines de la ville, et des noms aux noms du long martyrologe. Et cela dure encore tandis que nous traçons ces lignes :

La sauvagerie allemande s'en donne à cœur joie, et sa rage est loin de désarmer. Inutile de noter en détail les actes des vandales modernes ; outre que semblable énumération serait fastidieuse à force d'être longue, nous avons à compter avec les sages prescriptions de la Censure qui ne tient pas à voir décrire en détail les faits de guerre récents.

Taisez vous, méfiez-vous ; des oreilles ennemies vous écoutent, lisons-nous de-ci de-là ; c'est ce même avis qui nous est donné : N'écrivez pas tout, méfiez-vous, les yeux ennemis vous liront sûrement.

Le conseil est sage, nous le suivrons.

Toutefois, nous ne poserons pas la plume sans relever ici quelques traits qu'il peut être intéressant de noter et dont la divulgation ne saurait présenter d'inconvénients.

Veut-on juger par un exemple des hauts faits de nos ennemis, voici ce qu'ont publié les journaux locaux :

Le 16 mai, des femmes causaient, non loin du cimetière quand un obus vint en sifflant éclater non loin du groupe. Une fillette de sept ans est tuée sur le coup ainsi que Mme Sueur et Jeanne Cottrelle, 19 ans. Mme Moyencourt-Lassale est blessée du même coup et ne tarde pas à mourir ; le bébé qu'elle portait en ses bras fut épargné. Une autre blessée, Jeanne Sueur, s'en tira, mais à grand'peine.

Presque chaque jour a lieu un bombardement qui commence et finit à heure fixe ; de temps en temps l'horaire change brusquement et l'on apprend alors à quelle heure il convient de redescendre à la cave.

L'Hôtel de Ville d'Albert et la Place d'Armes.

Ce qu'il en reste après le bombardement.

Le 25 mai, la briqueterie de M. Dolé, où a été installé la mairie d'Albert, reçoit quelques bombes. Les jours suivants ce sont d'autres points qui sont spécialement et inopinément visés.

Après les canons français, ceux de nos alliés les Anglais prirent le soin de répondre aux ennemis figés près d'Albert, et firent, eux aussi, du bon ouvrage, mais les ruines sont allées toujours en augmentant dans la ville martyre, à présent presque totalement détruite.

La Basilique a continué, elle aussi, à supporter l'outrage des boulets. Par les trous béants de la toiture, les eaux tombent, gâtant ce qui avait pu rester intact. Une clôture protectrice ferme chacune des entrées comme aussi chacune des brèches donnant accès dans l'intérieur. Ah ! c'est bien là cette *abomination de la désolation dans le lieu saint*, dont a parlé le prophète.

La ville est pulvérisée ; dans le centre tout est à ras du sol. Seule la masse encore importante de la Basilique demeure, et sa tour s'élève encore de toute sa hauteur comme pour montrer le ciel, siège de toute espérance. La Vierge dorée est toujours là-haut, mais elle se penche de plus en plus vers la terre, comme si elle voulait encore mieux montrer aux martyrs d'en-bas, ce Prince des martyrs qu'est son divin Jésus.

Depuis le mois d'avril, un oratoire a été établi chez M. Arty-Dufourmantelle ; M. le Doyen vient y célébrer une messe que les bombes troublent trop souvent. Plusieurs prêtres-soldats célèbrent aussi en un autre oratoire établi dans les ruines de l'ancienne brasserie Didion.

La vie a presque disparu, l'autorité militaire ayant éloigné de plus en plus les habitants. Certes, on pourra dire plus tard et admirer sans restriction l'endurance durable de ces hommes, de ces femmes, de ces enfants que n'effrayèrent jamais les massacres. On se ralliera sans peine à l'admiration qu'un ami a traduit si philosophiquement, si l'on veut bien relire le récit qui suit. Du même coup, on pourra juger que la bonne gaîté française subsistait encore à Albert, d'où vint cette page publiée par la *Chronique Picarde* : aussi, peut-on pleurer toujours ! C'est l'éthopée d'un clerc de notaire, gardien vigilant de l'étude de son patron. L'auteur assure que son tableau est authentique.

« A 8 heures tapant, M. Minute, caissier de l'un des notaires d'Albert, quitte la cave où il a dormi consciencieusement en dépit du vacarme des obus. Rasant les murs, il gagne l'étude, où il reste jusqu'à l'heure du repas ; fermant alors soigneusement la porte, il gagne posément son domicile privé, y déjeune sans se presser, et à 2 heures exactement, tourne la clef dans la serrure du patron où il attend un client qui ne vient jamais.

Mais bientôt le canon tonne, des marmites sifflent et éclatent, M. Minute quitte sa caisse et, sans se presser, descend à la cave d'où il ne sortira que pour regagner à pas réguliers la cave de sa maison particulière et, le lendemain, recommencera ponctuellement ses fonctions avec plus de sang froid que de surmenage.

Pourtant un après-midi, M. Minute a eu une vive contrariété : les carreaux venaient de voler en éclats. M. Minute constata l'étendue du dégât et il perdit le reste de la journée — toujours inoccupée — à chercher un vitrier. Ce ne fut pas commode, mais avec de la persévérance......

Hélas ! 48 heures après, les carreaux étaient encore brisés. Aussi placide et aussi résolu, M. Minute recommença ses périgrinations et, le lendemain, il put classer dans le dossier *bombardement*, une seconde facture du vitrier, à solder par le patron à son retour, quitte à en réclamer le montant à l'Etat prussien.

M. Minute put alors se remettre à sa besogne et suppléer l'expéditionnaire absent, pour continuer des grosses réclamées d'urgence en fin juillet. Hélas ! pas pour longtemps. Les carreaux ont encore sauté et, malheur irréparable, celui-là, le vitrier a été évacué.

Cette fois, M. Minute est tout troublé, si troublé qu'il a écrit au patron pour décliner toute responsabilité si les actes sont exposés à... l'humidité !! »

En juin, le journal *La Picardie* donnait sous les initiales P. L. cette vue d'ensemble de la vie à Albert :

« A voir le grand nombre d'Albertins qui habitent Amiens, on pourrait croire que la cité martyre a été complètement évacuée, il n'en est rien, quoique la vie intense de la petite ville soit passée à l'état de souvenir.

Huit à neuf cents habitants sont encore là, vivant au milieu des ruines, dans un calme que les obus peuvent troubler d'un moment à l'autre. On voit des gens travailler sans souci apparent dans les cours de la ville, dans les jardins et surtout dans les champs des environs. Aux heures de repos, il en est qui fument tranquillement leur pipe au seuil de leur maison : ils se sont habitués, à la longue, à cette attente constante du boulet destructeur, messager de mort.

Pour faire vivre ces indéracinables habitants, on trouve d'ailleurs l'indispensable et même mieux. Le restaurant Caron, route de Bapaume, est très fréquenté ; la charcuterie de Mme Vve Brochard tue cinq porcs par semaine ; la boucherie Paul Soufflet marche à merveille et la boulangerie Letesse est toujours sur pied de guerre, ou mieux sur pied de paix. M. Desplan fournit toujours du tabac et un coiffeur continue à rafraîchir les têtes, donc rien ne manque. (*Ici une coupure imposée au journal par la Censure*).

La mairie d'Albert, ou du moins un bureau de mairie est établi chez M. Dolé. M. Picard, adjoint au maire, qui s'est retiré en cette même maison depuis la destruction de son habitation, assure la marche des services, aidé par des employés et les gardes de la ville.

Le maire, M. Leturcq, vient de Buire presque journellement et M. le Sous-Préfet de Péronne, qui habite lui aussi les environs d'Albert, y fait de fréquentes apparitions.

La poste militaire seule fonctionne à Albert, il est vrai que la poste civile établie aux environs assure la distribution des plis en ville et même à la résidence nouvelle des destinataires, résidence parfois inconnue de ceux qui écrivent.

Autre détail, la rivière est presque à sec ; une bombe lancée, croit-on par un aéroplane, ayant brisé une vanne, l'eau s'est répandue dans les marais, en amont d'Albert, mais c'est sans grand dommage pour le moment. Ainsi le paisible cours d'eau aura lui aussi supporté sa petite part des malheurs de la ville et l'on ne pourra plus dire de lui comme le fit un jour le vénéré Mgr Godin : Cette rivière calme qui n'a pas d'histoire.

Ainsi vont les choses sur les ruines d'Albert, en attendant le moment des résurrections prochaines. Puisse-t-il ne pas tarder longtemps ! »

Hélas ! si, il tarda longtemps ; il tarde encore et nous sommes en décembre !

La municipalité d'Albert avait de lourdes charges à supporter, car il lui fallait soulager les infortunés habitants réfugiés aux environs. Comme suite à une demande de M. le maire, le ministre de l'Intérieur accorda une somme de 70.000 francs, qui fut remise entre les mains de M. le préfet, à titre de subvention exceptionnelle, pour permettre à la ville d'Albert d'assurer provisoirement sa vie administrative et financière.

Puisque le nom de M. le maire revient ici sous notre plume, nous mentionnerons avec plaisir la citation élogieuse le concernant, parue à l'*Officiel* :

« M. Leturcq, maire d'Albert (Somme) : a administré la ville pendant l'occupation allemande et, depuis, dans des conditions particulièrement dangereuses, avec courage et énergie. A donné à l'administration et à l'autorité militaire un concours actif et zélé. »

La louange est d'autant plus précieuse que la ferme tenue de M. Leturcq contraste davantage avec la veulerie de certains maires dont toute la tactique fut de s'enfuir au plus vite à l'approche de l'ennemi.

En mars 1915 mourait Mgr Dizien, évêque d'Amiens. Le siège épiscopal ne restait pas longtemps inoccupé et bientôt le diocèse entier se félicitait du choix du Saint-Père qui donnait à Amiens un pasteur émérite en la personne de Mgr du Bois de la Villerabel.

Dans sa lettre d'acceptation au cardinal de Laï, secrétaire de la Consistoriale, le nouvel élu disait ces paroles que les fidèles picards accueillirent avec joie :

« La Providence a permis que je connusse, dans le passé, le pays où Votre Eminence m'envoie au nom du Souverain Pontife. Parmi tant de ruines accumulées par la guerre dans le diocèse d'Amiens, se trouvent celles de la Basilique d'Albert, où, à deux années de distance pendant deux à trois semaines, j'évangélisai les pèlerins venus de tous les coins de la Picardie, à l'appel de Mgr Dizien, l'Evêque tant pleuré, et de Mgr Godin le patient bâtisseur de l'incomparable temple élevé à la gloire de N.-D. de Brebières. Les pèlerins de Picardie et le prédicateur d'hier vont ainsi se retrouver pour relever le trône anéanti de la douce Vierge Marie ».

Le mardi 10 août, Mgr de la Villerabel faisait son entrée à Amiens. Après avoir célébré une première messe, suivant la tradition, au tombeau de St-Firmin, en l'église Saint-Acheul, le nouvel évêque prenait possession de sa cathédrale, mais ce fut par une porte latérale qu'il dut y pénétrer, le grand portail étant masqué par des sacs de terre formant une muraille protectrice contre les bombes allemandes. Sur les ornements d'or du pontife, les picards reconnurent, avec joie, l'image de N.-D. de Brebières, finement brodée en face de Ste Anne d'Auray.

Montant en chaire, l'évêque conquit tous les cœurs dès ce premier contact avec ses diocésains. On l'entendit saluer avec amour la

Vierge picarde, « dont le temple est mutilé, démoli, renversé, mais dont l'image plane encore comme une espérance divine sur nos plaines ensanglantées. »

Le dimanche de l'Assomption, Monseigneur célébrait son premier office pontifical en sa cathédrale, et dès le lendemain, sans souci du danger, il voulait se rendre à Albert. Il avait hâte de pleurer sur les ruines de la basilique et sur la tombe de son vénérable ami Mgr Godin.

Au retour de ce douloureux pèlerinage, Mgr de la Villerabel écrivait à Mgr Morelle, évêque de Saint-Brieuc, cette lettre qui fut ensuite publiée dans les journaux bretons et picards.

« Quand je poursuivais mon objectif de faire mon premier Pontificat le jour de l'Assomption, je ne me trompais pas. C'était vraiment le jour providentiel pour le vrai contact avec mon peuple d'Amiens. Toute la tradition picarde et particulièrement celle de la ville appelle un renouveau de dévotion envers la Sainte Vierge. Une foule immense remplissait la Cathédrale. Aucun spectacle ne dépasse celui-là. Dans cette basilique incomparable, un peuple frémissant, empressé, ne se lassait pas de solliciter des bénédictions.

« Pour remercier la Sainte Vierge, j'ai entrepris le lendemain une expédition au front. Grâce à la bienveillance de M. le général X.., je suis parti pour le front en sa compagnie. A travers ces campagnes où les Anglais et les Ecossais aidaient à la moisson, j'ai rencontré des files de camions automobiles anglais, des campements improvisés, des cavaliers, des motocyclettes, une étonnante activité sur la route. Tous les villages depuis Amiens sont occupés par des troupes britanniques qui battent maintenant les portes d'Amiens. Enfin me voici à Albert sur la place de l'église. De mairie il n'y a plus de trace, le pavé au pied de la tour demeure intact, deux mètres plus loin les trous d'obus commencent. Il faut les voir pour comprendre la force des engins. Il y a encore quelques rares albertins parmi lesquels M. Lefebvre, un catholique dévoué que vous avez vu souvent dans les manifestations pieuses de Mgr Godin. M. Cadot m'accompagnait. Nous avions donné rendez-vous au Doyen. Nous avons pénétré dans la basilique par derrière, en rampant dans un trou fait par un obus. Que de ruines ! Il faut marcher au risque de faire éclater un obus sur des monceaux de décombres formés de débris de briques, de stucs, de planches, d'ornements d'église. La tombe de Mgr Godin disparaît sous cet amas. Je me suis agenouillé sur une poutre devant la Divine Bergère, renversée la face contre terre et brisée, songeant à ce bâtisseur qui dort au milieu des ruines de son œuvre.

« Du presbytère il ne reste que la petite tourelle qui descendait de la chambre à dormir ayant vue sur la place jusqu'à la salle à manger de la neuvaine. Contre les murailles de la basilique, mon guide, un jardinier albertin, m'a cueilli deux roses de France que j'ai emportées comme un trésor de vie qui renaît au milieu des débris.

« La Vierge ostensoir de la tour reste toujours horizontale. Devant le porche, en levant la tête, j'avais l'Enfant-Jésus au-dessus de moi, me cachant la tête de sa mère.

« L'après-midi je visitais une ambulance et j'y trouvais un sous-officier blessé. « — Où avez-vous reçu cette blessure, lui ai-je « demandé ? — Sur la place d'Albert, devant la Basilique, il y a « deux jours. » C'était à l'endroit où j'ai stationné si longtemps. Les canons allemands dormaient et je n'ai pas vu tomber un seul obus.

« Maintenant je puis aller partout : mon premier salut a été pour N.-D. de Brebières. J'y tenais.

« Daignez agréer, Monseigneur, l'hommage de ma respectueuse affection.

† ANDRÉ, Évêque d'Amiens.

Mais, dans cette visite à Albert, le pasteur n'avait pu retrouver le peuple aimé auquel il aurait tant voulu parler à nouveau. Ce lui fut une consolation, quelques jours plus tard, que de recevoir à l'Evêché un groupe important d'albertins réfugiés à Amiens. Laissant parler son cœur, Sa Grandeur eut pour les pauvres exilés des paroles réconfortantes, et reçut pieusement la médaille d'or de N.-D. de Brebières que M. l'abbé Friant lui offrit au nom de ses visiteurs.

Bientôt d'ailleurs, l'Evêque allait revoir auprès de lui la foule immense qu'il avait évangélisée autrefois et qu'il avait hâte de rencontrer à nouveau depuis qu'il en était le pasteur.

Le mois de septembre 1915 approchait, et les fidèles clients de N.-D. de Brebières se demandaient où et comment ils célèbreraient la traditionnelle neuvaine. Certes, ce n'était pas le moment de cesser de prier alors que jamais la France n'eut tant besoin du secours de son immortelle protectrice, alors que la Picardie surtout, à demi envahie, était dans la douleur la plus poignante. Mais l'accès d'Albert est interdit, que faire ? Mgr de la Villerabel, d'accord avec M. le Doyen d'Albert, arrangea toutes choses au mieux. Le mardi 6 septembre, la Vierge miraculeuse arrivait à la Cathédrale d'Amiens et prenait place sur un trône gracieux, dominant le maître-autel. La statue n'avait plus ces riches draperies dont l'enrichit jadis la piété de ses fidèles clients ; c'était la première fois, depuis bien longtemps, qu'elle apparaissait ainsi aux yeux de la foule. Le chœur de l'antique cathédrale était somptueusement décoré et la Vierge d'Albert dut se retrouver chez elle. D'ailleurs, ne voyait-elle pas à ses pieds *son* évêque, celui qui avait si bien parlé d'elle, en 1901 et 1903, en ce beau palais aujourd'hui détruit. Puis auprès du pontife, la vierge revoyait aussi *son* clergé, les prêtres de chez elle, car M. le Doyen était là avec ses collaborateurs. Ils avaient souffert avec elle et pour elle, ils étaient heureux de lui ménager encore et quand même une journée inoubliable.

Et puis c'était la foule des pèlerins de jadis apportant à ses pieds des supplications plus pressantes que jamais, et versant en son sein maternel les immenses soucis et les plaintes de lèurs détresses et de leurs angoisses.

Pauvres pèlerins, on songeait, à les voir ainsi se presser si tristes, à ces oiseaux migrateurs dont Grellet avait orné les rinceaux de la basilique.

Et combien de pèlerins, absents de corps étaient là, eux aussi, par le cœur : ceux qu'une ligne de fer et de feu retient encore pour quelque temps au pouvoir de l'ennemi, ceux qui bataillent pour la délivrance du sol français, ceux qui, vaincus pour un moment, sont retenus captifs dans les geôles d'Outre-Rhin. Que de cœurs se sont tournés, en ces jours de prière, vers la Madone picarde.

Sa reine en tête, Albert était réuni dans la vaste cathédrale en ce 8 septembre 1915, et c'est là un événement que les cœurs pieux ont salué à juste titre comme un fait unique dans les annales de l'histoire de Brebières, comme un gage aussi des prochaines restaurations et des grandes délivrances.

Pour la grand'messe, célébrée par M. le doyen Gosset avec MM. les abbés Friant et Foiret pour diacre et sous-diacre, la vaste cathédrale était archi-comble. Un très nombreux clergé remplissait le chœur, où le chapitre était au complet : Monseigneur de la Villerabel assistait au trône.

Le soir, au salut solennel, la même affluence se retrouvait pour clôre la sainte journée.

L'orateur de ce soir fut le R. P. Padé, dominicain dont l'éloquence est toujours si goûtée à Amiens. Comme les cœurs vibraient à l'unisson de lorsque l'orateur s'écriait : « La vierge est la grande alliée dont il faut que la France réclame le secours ! » Dans les horreurs de l'invasion, Notre-Dame est apparue comme une divine espérance. Elle sera annonciatrice de la victoire. Cette victoire nous l'attendrons. »

Monseigneur renouvela l'acte de consécration à Marie, qu'avait prononcé, Mgr Dizien, au début de la guerre.

Et la neuvaine se déroula ensuite en la vieille église Saint-Germain, sans doute désignée pour cet honneur par sa piété traditionnelle envers N.-D. de Lourdes. Mais vint le grand dimanche, et les dimensions de l'église ne pouvaient suffire pour les foules attendues, surtout dans l'après-midi.

Ce 12 septembre donc, la grand'messe était célébrée à Saint-Germain, en présence de Mgr l'évêque, qui prit la parole pour louer la Vierge et réconforter aussi les pauvres victimes chassées d'Albert et réfugiées à Amiens.

La cérémonie de la cathédrale était annoncée pour 5 heures. Bien avant ce moment les vastes nefs étaient archi-pleines ; le flot des pèlerins avait envahi jusqu'aux moindres coins de l'immense vaisseau. Mgr de la Villerabel sut faire entendre de tous son magnifique et très impressionnant discours. Avec une émotion profonde on entendit l'orateur donner cette assurance que l'espoir le plus ferme restait en son propre cœur.

« Ceux qui allèrent à Albert depuis la fin de 1914, dit Sa Grandeur, ceux qui ont contemplé, avec cette tristesse digne d'un Jérémie, les ruines de la cité d'Ancre ; ceux qui virent les entonnoirs des obus allemands, les usines réduites en monceaux de ferrailles, les maisons éventrées ou incendiées ; ceux qui ont constaté l'étendue des ravages faits par l'ennemi, se disent : « c'est la mort, c'est la fin. » Disons simplement, comme autrefois Ezéchiel : « Quand ces ruines revivront-elles ? » Le sol lui-même est méconnaissable ; ce n'est plus qu'un désert sur une vaste étendue. Est-ce que ces reliques se relèveront ?

Quand, au soir de la Passion, les premiers chrétiens descendirent le corps de Jésus au tombeau, et que la sépulture du divin crucifié se prolongea trois jours, ils crurent eux aussi à la fin d'un rêve, à l'anéantissement de toutes leurs espérances. Mais voici qu'au matin

Les ruines de la Rue Gambetta.

Cliché Lelong.

Les Ruines de l'Usine métallurgique Pernaut, près la Basilique.

Cliché Lelong.

La Rue de Bapaume avant le bombardement.

Cliché Lelong.

La même rue après le bombardement.

Cliché Lelong.

de Pâques, le tombeau est vide ! — Hier, c'était la mort. Aujourd'hui, c'est la vie ! Jésus-Christ vainqueur de la mort ! Cet événement devient le pivot d'une histoire... O solennité des solennités ! Alleluia des résurrections ! »

Le souvenir de ce drame, le plus grandiose que le monde ait connu, incite Monseigneur à redire son impérissable espoir de voir notre patrie vaincre nos ennemis. « En face de nos ruines, s'écrie-t-il, saluons les saintes espérances sorties du tombeau du Maître ! La France n'est pas vaincue. Le miracle de la Marne l'a sauvée. Nous avons accumulé les sacrifices et les souffrances. Si nous allons à Marie, avec notre élan de Français et notre conviction de chrétiens, nous pouvons faire revivre nos espérances ! O Notre-Dame, sauvez-nous et changez-nous !.. »

Que cette parole, que cette prière du pasteur, si particulièrement dévoué au culte de Marie, reste la prière de tous les clients de Notre-Dame de Brebières et que le mot d'ordre reste pour les citadins d'Albert : l'espérance demeure !

Nous allions clôre ce volume, quant la pensée nous vînt de demander à Monseigneur l'Evêque d'Amiens, avec sa bénédiction, une pensée qui puisse fixer au juste la mesure de cette espérance qu'il convient de garder quant à la restauration des ruines de la malheureuse Cité picarde et surtout de sa somptueuse basilique.

Avec une bonté toute paternelle, dont nous lui garderons une gratitude totale, Sa Grandeur veut bien nous écrire la lettre suivante où, avec une élévation de pensée que l'on ne saurait trop admirer, est résolue, notre question. Pour terminer la vaste enquête, dont ce volume n'est que le résumé, nous ne pouvions espérer une conclusion plus digne, ni plus élevée.

Un scrupule s'élève dans notre pensée : en tête de l'ouvrage se trouve une lettre de M. le Doyen d'Albert, pouvons-nous mettre la lettre de Mgr l'Evêque tout à la fin ? — Il nous a semblé que oui, car si M. l'abbé Gosset a bien voulu, en date du 15 août, donner une approbation à notre idée d'écrire l'*Histoire d'Albert pendant la guerre*, Mgr l'Evêque lui, en date du 21 décembre, veut bien nous donner le mot de la fin. Ici, comme aux belles processions de notre cathédrale, le pontife fermera la marche ; c'est l'ordre à tous points de vue.

Voici ce que nous écrit Monseigneur de la Villerabel :

Évêché
d'Amiens.

—

Amiens, le 21 décembre 1915.

Monsieur,

En traversant les rues d'Albert, je me rappelle instinctivement les ruines de Pompéi : mes pieds foulent des pavés presque intacts, entre des maisons aux murs pantelants, aux toits effondrés ou incendiés. Si parfois un bruit se fait entendre derrière moi, il reporte encore mon imagination vers la cause de tant de destructions, la guerre, la grande guerre, la plus terrible guerre que les passions des hommes aient déchaînée sur le monde : j'écoute, c'est le roulement des canons, des prolonges d'artillerie et des camions de ravitaillement...

Malgré son panache de fumée, le Vésuve ne menace plus guère Pompéi ; les batteries allemandes, au contraire, ne se lassent pas de lancer sur notre malheureuse ville ses ouragans d'obus qui explosent avec un terrible fracas.

Quand donc finira notre épreuve ? Quand sonnera l'heure des miséricordes ?

Nos modernes raisonneurs aux vues courtes ne voient dans les événements contemporains que le jeu des lois naturelles. Notre regard s'étend plus loin et, par-delà les agitations des hommes, nous songeons au Créateur de ces lois comme de ces êtres, à Dieu, dont la Providence remédie à la malice du pécheur, en tirant du dérèglement de nos passions, par un retour inattendu de grâce, le salut que nous n'espérions plus.

Un jour viendra où, de ces ruines amoncelées, sortira, avec une nouvelle Basilique, une cité transfigurée.

Albert ressuscitera de son tombeau. La cité de Dieu et la cité de Satan s'élevaient sur le même sol. Autour de Notre-Dame de Brebières l'impiété mêlait ses blasphèmes aux cantiques des pèlerins. En dressant si haut son Enfant-Jésus d'or, la Vierge du clocher l'arrachait aux ombres de la passion humaine, car à ses pieds la haine côtoyait l'amour. Albert reproduisait en miniature la France d'hier, qui passe en ce moment par le creuset de la souffrance pour produire la France de demain. A côté d'une élite pleine de foi et de piété, vivait une foule aveuglée par les passions politiques, jouet des utopies contemporaines qui, ayant désappris le chemin de l'église, ne se contentait pas de la fuir, mais la haïssait comme la voix du remords.

Humainement l'indifférence se comprend, mais comment expliquer la rage de l'impiété sans l'intervention de Satan. Dès que nous glorifions la Vierge Marie, il siffle de colère, comme un serpent, en se tordant à ses pieds.

De l'ancien Albert, nous ne reconstruirons que la cité de Dieu, car la France de demain ne sortira de la victoire qu'après avoir opéré sa conversion. Du tombeau où elle dort, la ville ne ressuscitera que réconciliée pleinement avec Jésus-Christ, comme la patrie toute entière. Dieu n'attend que l'hommage officiel de la France pour confondre ses ennemis.

Préparez-vous donc à écrire de nouveaux chapitres après ceux que vous achevez et que je n'ai pas encore lus. Déjà nous saluions l'aurore de ces gloires dans les manifestations incomparables du 8 et du 12 septembre dernier, dans la Cathédrale d'Amiens. Jamais Notre-Dame ne contint une pareille multitude, de mémoire d'homme ; jamais la merveille de pierre ne tressaillit d'un enthousiasme plus vibrant ; jamais la capitale de la Picardie n'affirma avec une clarté plus éclatante sa fidélité à la Vierge de Brebières.

Prions encore, Monsieur, et que vos lecteurs prient avec nous pour demander la conversion officielle de la France. Dieu nous exaucera dans peu de temps. Comme un souffle bienfaisant, le vent des miséricordes divines passera sur la poussière qui couvre le tombeau de Mgr Godin, au pied de ses autels effondrés. Une basilique nouvelle surgira, jeune et belle, au bord de la rivière d'Ancre. Bientôt les pèlerins reprendront, sur les chemins aplanis du Santerre, parmi des campagnes rendues aux moissons opulentes, le chemin de la douce Vierge aux Brebis.

Avec quelle joie vous raconterez, Monsieur, cette rénovation, cette renaissance. En attendant, je bénis de tout cœur l'écrivain qui a pris la plume pour noter les impressions mélangées de tristesse et d'espoir que nous inspirent les désastres de l'heure présente.

† ANDRÉ, Évêque d'Amiens.

Le moment est venu de poser la plume.

Notre récit, simplement fait, sans grands mots, sans phrases sonores, est véridique, s'il est incomplet ; c'est le résumé d'une longue enquête à laquelle nous nous sommes livré.

Nous voudrions qu'il soit connu par nos compatriotes que n'a pas atteint le fléau de l'invasion, par les nations neutres, aussi, chez qui persiste peut-être encore trop d'estime pour la prétendue culture germanique. Nous voudrions surtout que, transmis de mains en mains, ce volume empêche nos neveux d'oublier jamais.

Va, petit livre, va ton chemin, dis aux uns ce qu'ils doivent aux cités qui leur servirent de rempart ; dis aux autres combien cruels furent nos envahisseurs ; dis à tous de se souvenir et d'espérer toujours et quand même.

Adieu, va !

CHAPITRE XIV.

Les Poètes de Notre-Dame de Brebières.

Si toute reine de la terre eut ses poètes, innombrables furent en tous temps ceux de la Reine du Ciel.

La Madone de Brebières en suscita plusieurs dont la lyre, après avoir chanté ses gloires, aux jours joyeux, pleura, aux jours de deuil, sur les ruines de la Basilique tant aimée.

En un précédent chapitre, nous avons relevé les explosions de douleur et d'indignation, les cris d'espérance aussi, de divers écrivains amis de N.-D. de Brebières ; nous ne saurions laisser de côté les plaintes que les malheurs d'Albert ont fait jaillir du cœur des poètes.

Ils étaient quelques-uns, ces cigaliers de Notre-Dame, qui groupés autour de sa Basilique, tenaient une sorte de cour d'amour permanente, et *Le Messager* s'émaillait volontiers de leurs gracieux poèmes, au fur et à mesure que le palais naissant s'ornait de splendeurs nouvelles.

Honneur aux poètes de Notre-Dame ; on sera heureux plus tard de retrouver leurs noms et de relire leurs vers. Dans la simple ébauche de florilège que nous voulons présenter ici, nous devons, mais combien à regret, nous borner.

Il nous eut été agréable de puiser à pleines mains dans les magnificences poétiques de l'abbé Houillier, dont les sonnets formèrent une très riche plaquette ; dans les poésies latines de l'abbé Deneux, dont H. Merlier fut parfois le traducteur émérite ; dans les œuvres du chanoine E. Mille, dont un sonnet parfait accompagna un jour l'offrande des élèves de Saint-Stanislas à N.-D. de Brebières ; du chanoine Boulfroy, de Bonneuil, dont les poésies picardes égayèrent si souvent les fêtes, au pays de Brebières ; de F. Halley, président des *Violetti* et de son ami Marius Touron tant aimé à Nibas et partout ; du barde breton de Lamballe, l'abbé Ribault ; de M. le vicaire-général Duval ; de MM. les abbés Boitelle, Miannay, Blanchard, Sauvé, Normand, Bridoux, Dacquin, Magnier, Delorme, et de tant d'autres encore, mais ce nous est une nécessité d'être court, et nécessité fait loi.

Au premier rang des poètes de N.-D. de Brebières il convient de placer M. l'abbé Blandin, de l'Académie d'Amiens, dont nous avons mentionné plus haut (1re Partie, Chap. IV), l'importante et très variée collaboration au *Messager*.

L'année même du couronnement de la Madone, en 1901, M. Blandin réunissait, en une élégante plaquette, ses poésies éparses et il présentait en ces termes le charmant ouvrage :

> Une gerbe de fleurs séchées,
> Pas autre chose n'est ce livre ;
> Au temps qui les avait fauchées
> Je les reprends et vous les livre.
>
> Une à une jadis offertes
> Dans les plis d'un pieux *Message*,
> Elles avaient des tiges vertes,
> On les respirait au passage.
>
> Les fleurs souffrent qu'on les délaisse,
> Elles meurent d'être esseulées :
> C'est pour que leur parfum renaisse
> Qu'ici je les ai rassemblées.
>
> Vierge, de leur senteur discrète
> Accepte le très humble hommage ;
> Prends que c'est une bergerette
> Qui de thym fleurit ton image.

A vrai dire, ces tendres accents et ces vers finement ciselés suffiraient à marquer la maîtrise de la plume délicate qui les traça. Nous voulions faire plus et reproduire quelques-uns des poèmes qui remplissent le volume. « Mais songez donc, nous dit l'auteur, que ma muse n'est qu'une musette, nullement à comparer au biniou de Botrel ni au clairon de Chantrieux ! — Eh ! mais, cher poète, si musette il y a, elle est tout à fait à sa place, auprès de la Madone aux Brebis. Laissez-nous « prendre » que c'est un pastoureau qui vient fleurir l'image de Madame Sainte Marie ! »

La jolie *édition du Couronnement* est d'ailleurs épuisée : ce nous est une raison de plus de glaner dans le mignon volume.

Le Gardien de N.-D. s'efforçant, vers 1890, de trouver des dalles pour la basilique, M. Blandin écrit :

> Puisqu'à l'église byzantine
> Étincelante de cristal,
> De marbre et du plus fin métal,
> Il ne faut tapis ni courtine ;

> Que pour la maison qu'il destine
> A la Vierge du sol natal,
> Un zèle tout sacerdotal
> Ingénieusement butine :
>
> Afin que du faîte au pavé,
> Le chef-d'œuvre soit achevé,
> Que point n'y butte la sandale.
>
> Et que du pèlerin les pas
> S'y posant ne trébuchent pas,
> — J'ai dit : Vite offrons une dalle.

Le poète reprenait sa lyre à toute occasion. En 1891, il célèbre une œuvre d'Albert Roze, le splendide groupe des saints Gervais et Protais, puis c'est le grand pèlerinage de cette même année dont il chante la parfaite ordonnance et le pieux entrain, puis encore des épisodes gracieux qu'il narre à merveille.

En 1892, ce sont des *Impressions* où M. Blandin se plaît à énumérer les merveilles de la Basilique. Viennent ensuite de pieux cantiques et un sonnet dédié à M. Godin, pour ses noces d'argent, en 1897. En 1898, c'est l'Horloge monumentale qui inspire l'auteur :

> Oui, toute heure nous blesse et la dernière tue :
> Ce grave enseignement d'un cadran d'outre-monts,
> Aux quatre vents du ciel, du haut de ces frontons,
> L'aiguille le rappelle en sa marche assidue.

Nous voici en 1901, le poète chante les *Fêtes sonores* et enfin la fête des fêtes, le *Couronnement*. Alors ce n'est plus en une piécette, ni en un sonnet, c'est en une ode que s'exhale la joie du bon servant de Marie :

> Gloire à Dieu, gloire à Dieu, voici qu'elle a sonné
>   L'heure de l'hommage suprême :
> Lé front de Notre-Dame est enfin couronné
>   Du plus glorieux diadème !
> . . . .
> . . . .
>
> Je sens battre mon cœur, je sens pleurer mes yeux,
>   Pontife, à ton auguste geste ;
> Ils sont enfin comblés nos désirs et nos vœux
>   Par cette vision céleste :

> La Vierge couronnée, ainsi qu'au Paradis,
> D'une merveilleuse couronne,
> Où, dans les diamants, dans l'or, dans les rubis
> L'amour d'un peuple entier rayonne !

Après la « musette », le biniou.

Le barde breton aima lui aussi à rimer pour Notre-Dame de Brebières. Souventes fois, Théodore Botrel vint à Albert au temps de la paix, et chacun de ces pèlerinages fit jaillir de son cœur quelque chant d'admiration pour le temple et quelque touchante invocation à la Madone.

La grande guerre le ramène à l'endroit aimé, dans la ville maintenant martyrisée ; il voit la Vierge dorée penchée vers la terre et se prend à penser aux mères françaises ; c'est à elles qu'il dédie ce sonnet paru dans la *Chronique Picarde*, du 15 mai 1915 :

> Au sommet du clocher d'Albert, la Vierge blonde
> Planait royalement sur tous nos alentours
> Et — nous offrant, de loin, pour le salut du Monde
> Son Jésus, bras en croix — bénissait nos labours.
>
> Mais du Vandale, hier, l'immense Horde immonde
> Bombarda nos beffrois, nos flèches et nos tours...
> ... Et la Vierge blessée — ô Bonté sans seconde ! —
> En chancelant, nous tend son Fils, encor, toujours !
>
> Et ce Geste est le vôtre aussi, Mères françaises :
> Après tant, tant de jours troublés, de nuits mauvaises,
> Quand même n'auriez-vous qu'un enfant pour soutien,
>
> Chancelantes, le cœur broyé, le front sévère,
> En lui montrant la France en pleurs sur son Calvaire,
> Vous lui dites : « Va, monte, ô mon fils... et meurs bien ! »

(Albert, 13 Mai 1915).

Le journal *La Picardie*, à la fondation duquel avait tant contribué Mgr Godin, donnait asile chaque lundi, en une édition littéraire, à des poètes qui bien souvent chantèrent la Vierge picarde ou pleurèrent sur le crime allemand qui souilla son autel. C'est ainsi que le 1er février 1915, on put lire sous la signature de A. Duhamel un cri de douleur suivi d'un cri d'espérance :

. . . .

> Mais si longtemps que sur son socle d'or
> Il aperçut la Vierge et son Trésor
> Albert garda l'invincible espérance
> Qu'après ses maux viendrait la délivrance.

L'auteur évoque alors le nouvel Esdras qui viendra relever les murs et montre la cité rajeunie :

> Comme un phénix renaissant de sa cendre.

Un autre poète, un albertin, Louis Cavillon, reçut asile lui aussi dans la *Picardie Littéraire*. Il chanta successivement *L'Ancre* puis *l'Hospice d'Albert*, avant de pleurer sur les malheurs de la terre picarde, *la Terre qui souffre* ; écoutons-le :

> Aux flancs des coteaux nus, les arbres séculaires
> Gisent frappés à mort par l'ouragan de fer :
> Chênes, géants des bois, victimes des colères
> Qu'allume dans l'espace un suppôt de l'enfer.
>
> Le vieux tilleul, blessé jusque dans ses racines,
> Agonise, drapé dans son feuillage vert.
> Les oiseaux ont quitté le village désert :
> Comment chanter la joie au milieu des ruines ?
>
> Là-bas que reste-t-il de l'altière forêt
> Qui nimbait le hameau d'un diadème d'ombre ?
> Dans l'affreuse tourmente, où tout ce qui vit sombre,
> Le nid de l'oiseau même, à nos yeux disparaît.
>
> La terre, déchirée en de profonds ravins,
> Sous le choc des obus, tonnerre des batailles,
> Offre aux soldats le sûr abri de ses entrailles.
> Les gestes du semeur s'y révèleraient vains.
>
> Le blé ne lève plus au penchant des collines
> Les ornières creusant le sol des champs boueux,
> Comme des lacs gluants, comme des trous de mines,
> Recèlent des engins, des canons monstrueux.

O plaines du Santerre, ô glèbe si féconde,
Où les moissons tressaient une couronne d'or,
La rafale de guerre aujourd'hui vous inonde
Des ossements épars au gré des vents du Nord.

Nos paisibles cités : Albert, Roye et Rosières
Forment la trinité des victimes du feu,
Et notre basilique était le bel enjeu
Que les taubes visaient les semaines dernières.

Nécropole, horizon propice au souvenir,
Où chaque motte garde un fragment de l'histoire,
Le Santerre dépose au fond de ma mémoire
La haine du Germain pour un long avenir.

Aux portes de Péronne, au pays de Brebières,
La glaise des pâtis, l'eau calme des étangs,
Les roseaux des marais, la fange des tourbières,
Ont servi de linceul à tant de combattants !

Ces immenses charniers sont bien les hécatombes
Dont s'achète la paix, au siècle du progrès.
Pour le passant ému, qui foule aux pieds ces tombes,
Que ces lieux de repos soient sacrés à jamais.

Il font participer à l'humaine souffrance
Nos terroirs dévastés et nos vallons meurtris ;
Qu'importe si bientôt, remportée à ce prix,
La Victoire rayonne au ciel joyeux de France !

Guenaëla, fleur du pays d'Arvor, cœur vaillant et tendre servi par une plume délicate, Guénaëla s'est vouée toute entière au Christ et à la Madone. Souvent les fêtes de Brebières s'égayèrent de ses gentils poèmes ; nous n'en voulons citer qu'un seul, un tout petit, qui fut applaudi lors des Noces d'argent de Mgr Godin. On y verra d'ailleurs un fait divers touchant en sa simplicité :

C'était en mai, par un de ces matins fleuris
Qu'embaument de parfums les campagnes fécondes ;
C'était aux jours où des essaims de têtes blondes
    Assiègent la Vierge aux Brebis
    Et se grisent de son idylle.

La Vierge est radieuse et son trône rutile
    Sous les virginales clartés
    De cette aube printanière...

Deux époux, fiers chrétiens, soudain se sont jetés
        A genoux, et la jeune mère,
Au murmure sacré de sa douce prière,
Berce, devant la Vierge au sourire du ciel,
Son premier agnelet. Sur le sein maternel
L'enfant dort, doux sommeil emportant chez les anges
        Nos petits anges d'ici-bas ;
Ils murmurent alors, mais on ne comprend pas,
Pour leur frère Jésus, d'ineffables louanges.

C'était en mai, par un de ces matins fleuris
C'était devant l'autel de la Vierge aux Brebis.

        Bientôt le divin sacrifice
Appelle les époux au Banquet de l'Agneau
Mais le poupon alors dans son rêve si beau
Embarrasse la mère... O pieux artifice !
Stratagème divin par Marie inspiré !
— Voyez-vous, Monseigneur, vers le Maître adoré
S'avancer ces époux ? — A la divine Table
Ensemble ils offriront au baiser ineffable
De Jésus, son Pasteur, son Frère, son ami,
        Leur doux agnelet endormi.
Et tandis que leur cœur du feu divin s'embrase,
Le sommeil de l'enfant s'achève dans l'extase.

C'était en mai, par un de ces matins fleuris ;
C'était devant l'autel de la Vierge aux Brebis.

Un pèlerin se recueillit un jour aux pieds de la Madone de Brebières, en égrenant les perles poétiques trop généralement inconnues
du *petit office* de la B. V. Marie. Des *répons* des laudes, il tira ces
pensées et de son cœur cette prière :

Vierge reine du ciel, quelle pâle louange
La bouche d'un mortel pourrait-elle t'offrir ?
Pour célébrer ta gloire il fallut un archange :
Fils d'Adam, le péché m'a souillé de sa fange ;
        Que mes pleurs puissent t'attendrir !

Car Celui que les cieux ne pouvaient pas enceindre
        Habita dans ton sein,
Et tu nommas ton fils ce juge qu'on doit craindre
        Encor que l'on soit saint.

La grâce, par torrents, sur ta face sublime,
Coula pour t'embellir d'ineffable beauté,
Et comme tout abîme appelle un autre abîme,
De cet astre qui brille à la plus haute cîme ,
     Dieu fit la mère de bonté !

Car Celui que les cieux ne pouvaient pas enceindre
     Habita dans ton sein,
Et tu nommas ton fils ce juge qu'on doit craindre
     Encor que l'on soit saint.

Je me confie, ô Vierge, en ta sollicitude.
Mère du saint amour, daigne veiller sur moi,
Fais qu'un jour, dans la gloire et la béatitude,
Mon âme, pour chanter toute sa gratitude,
     Ait des accents dignes de toi.

Car Celui que les cieux ne pouvaient pas enceindre
     Habita dans ton sein,
Et tu nommes ton fils, le juge qu'il faut craindre,
     Le Seigneur trois fois saint.

P. L. DE PÉRIGNAT.

Vouée aux labeurs d'une école d'Albert, Mlle Maria Mothaux aimait à consacrer ses trop courts loisirs aux muses, ou mieux à la Vierge. A sa plume délicate le *Messager* dut de nombreuses et très fraîches poésies. Bien souvent les fêtes de Brebières s'agrémentèrent grâce à elle, de charmants intermèdes, d'impromptus, d'à-propos, de récits toujours très goûtés. Eloignée d'Albert, elle pense beaucoup à la Vierge aux Brebis, à la Basilique, à son Gardien, à ses amis :

Car en certains pays le cœur bat mieux qu'ailleurs.

De Béthune où elle se dévoue à la jeunesse, elle charge un jour une hirondelle de cet aimable message :

Hirondelle, ma mie,
D'où viens-tu ce matin,
Si fraîche et si jolie,
De quel pays lointain ?

Bel oiseau de mon rêve,
Tu ne me réponds rien
Mais mon cœur se soulève
Et te reconnaît bien.

Au pays de Brebière
Je te voyais souvent,
Tu voltigeais légère
Dans le bleu firmament.

Sur les blanches tourelles
Et les clochers à jour,
Jusque dans les chapelles,
Faisant ton petit tour.

Là, que de belles choses
Attiraient tous les yeux !
Des lys et puis des roses
En festons gracieux...

Et les cigognes grises,
Et les petits moutons,
Bondissant sur les frises,
Comme en de verts gazons !

Et l'imposant cortége
De nos grands saints picards,
Sous leurs robes de neige,
Leur pourpre et leurs brocarts !

Et les anges de Roze.
Qu'ils étaient beaux le soir,
Dans leur céleste pose,
Balançant l'encensoir !

Et la douce Madone
Avec son bel enfant,
Sa brillante couronne,
Son sourire charmant !

Et nos grands jours de gloire
Vrais jours de Paradis,
J'en garde la mémoire,
J'en meurs, ou mieux j'en vis...

Va ! laisse ma fenêtre ;
A te voir plus longtemps,
Je pleurerais peut-être,
Mais en ai-je le temps ?...

Oui, reprends ta volée
Aux byzantines tours,
Dis-leur que l'exilée
Qui les aime toujours,

> Pour un pèlerinage
> De l'aube jusqu'au soir,
> Va se mettre en voyage
> Afin de les revoir.
>
> Dis-leur bien qui t'envoie,
> Vite, prends ton essor,
> Afin que dans la joie
> On nous reçoive encor !

M. M.

Bethune, le 24 juin 1910.

C'est simple, gracieux et émouvant : le cœur y est !

Urbain de May, encore un habitué de la *Picardie Littéraire*, un amiénois, jeune encore et qui promet de briller dans la république des lettres. Lui aussi jeta son cri d'effroi et d'espérance dans ce sonnet :

> Ne pleurez point, Picards, Albert et son malheur :
> Où sont venus les Goths, la plante est repoussée,
> Où sont venus les Huns, la charrue est passée,
> De la glèbe effaçant la trace du voleur.
>
> Renaissez à l'espoir, calmez votre douleur :
> Le marché reverra la cliente empressée,
> L'usine vomira son équipe encrassée,
> La barque voguera sur le fleuve enjôleur.
>
> Sur le temple divin rebâti par l'aumône,
> La grande Vierge d'or regagnera son trône,
> Au milieu d'un concert d'hosannas triomphants ;
>
> Et le peuple, accouru près de la basilique,
> De sa bouche entendra l'appel évangélique :
> « Laissez venir à moi tous les petits enfants. »

Le poète ardent et si justement goûté des *Flambeaux sacrés et profanes*, M. Gaston Chantrieux, architecte amiénois, publiait, le 8 septembre 1915, cette charmante invite *à la divine réfugiée* :

> Vierge noire, qu'entoure un peuple de ruines,
> Toi dont le temple, hier unique et triomphant,
> Ne connaît plus, hélas, que les psaumes du vent,
> L'orgue de foudre et l'eau lustrale des bruines.

Loin de ces murs si beaux que coupent des ravines,
Fuis le fouet de l'obus dont rien ne te défend.
Ainsi qu'aux jours d'Hérode, en hâte te levant,
Va dans l'exil cacher tes tendresses divines !

Notre-Dame d'Amiens, ta voisine des cieux,
De sa fine houlette aux fleurons précieux,
Te fait signe : viens donc en ses deux bras de pierre !

Tu verras à tes pieds nos cœurs jamais déçus,
Et, — merveille de grâce, — ô Reine de Brebière,
L'Ange pleureur sourire à ton Enfant-Jésus !

Enfin, et pour clôre ce chapitre comme nous l'avons commencé, pour clôre même ce volume, c'est à l'abbé Blandin que nous demanderons le mot de la fin, la pieuse expression des sentiments qui agitent nos cœurs, alors que dure encore la *grande pitié* qui est au sein de la France. Voici le sonnet que l'aimable poète fit paraître dans la *Picardie* à la même date du 8 septembre 1915.

A N.-D. DE BREBIÈRES.

Puisqu'ils ont abattu tes grandes effigies,
Pulvérisé ton trône et détruit ton palais ;
Qu'il fallut bien soustraire aux teutonnes orgies
Des ferveurs du passé le plus précieux legs ;

Chère Image, échappée aux ruines rougies,
Qui parmi nous t'en viens, de relais en relais,
Nous bénir : soient mêlés aux saintes liturgies,
Nos hommages d'antan, nos lais et virelais :

Et daigne ouïr la plainte ardente et prolongée
De ton peuple meurtri ; que soit vite abrégée,
Mère, nous t'en prions, l'épreuve des enfants.

Que se lève bientôt l'aube annonciatrice
D'éclatantes journées aux soleils triomphants :
Sois, avec ton Jésus, notre Libératrice !

AMIENS — IMPRIMERIE GRAU, RUE DES AUGUSTINS, 21.

www.ingramcontent.com/pod-product-compliance
Ingram Content Group UK Ltd.
Pitfield, Milton Keynes, MK11 3LW, UK
UKHW022346090726
13658UKWH00002B/506